世界哲學家叢書

雅 斯 培

黃　藿　著

1992

東大圖書公司印行

國立中央圖書館出版品預行編目資料

雅斯培/黃藿著．--初版．--臺北市：東
　大出版：三民總經銷,民81
　　面；　公分．--(世界哲學學叢書)
參考書目；　　面
含索引
ISBN 957-19-1382-0 (精裝)
ISBN 957-19-1383-9 (平裝)

1.雅斯培 (Jaspers, Karl, 1883–
　1969)-學識-哲學

147.73　　　　　　　　　　81000152

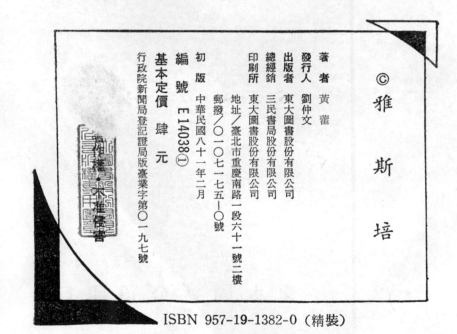

© 雅　斯　培

著　　者　黃　藿
發 行 人　劉仲文
出 版 者　東大圖書股份有限公司
總 經 銷　三民書局股份有限公司
印 刷 所　東大圖書股份有限公司
　　　　　地址／臺北市重慶南路一段六十一號二樓
　　　　　郵撥／〇一〇七一七五一〇號
初　　版　中華民國八十一年二月
編　　號　E 14038①
基本定價　肆　元
行政院新聞局登記證局版臺業字第〇一九七號

ISBN 957-19-1382-0 (精裝)

《世界哲學家叢書》總序

　　本叢書的出版計劃原先出於三民書局董事長劉振強先生多年來的構想，曾先向政通提出，並希望我們兩人共同負責主編工作。一九八四年二月底，偉勳應邀訪問香港中文大學哲學系，三月中旬順道來臺，即與政通拜訪劉先生，在三民書局二樓辦公室商談有關叢書出版的初步計劃。我們十分贊同劉先生的構想，認為此套叢書（預計百冊以上）如能順利完成，當是學術文化出版事業的一大創舉與突破，也就當場答應劉先生的誠懇邀請，共同擔任叢書主編。兩人私下也為叢書的計劃討論多次，擬定了「撰稿細則」，以求各書可循的統一規格，尤其在內容上特別要求各書必須包括 (1) 原哲學思想家的生平；(2) 時代背景與社會環境；(3) 思想傳承與改造；(4) 思想特徵及其獨創性；(5) 歷史地位；(6) 對後世的影響（包括歷代對他的評價）；以及 (7) 思想的現代意義。

　　作為叢書主編，我們都了解到，以目前極有限的財源、人力與時間，要去完成多達三、四百冊的大規模而齊全的叢書，根本是不可能的事。光就人力一點來說，少數教授學者由於個人的某些困難（如筆債太多之類），不克參加；因此我們曾對較有餘力的簽約作者，暗示過繼續邀請他們多撰一兩本書的可能性。遺憾

的是，此刻在政治上整個中國仍然處於「一分為二」的艱苦狀態，加上馬列教條的種種限制，我們不可能邀請大陸學者參與撰寫工作。不過到目前為止，我們已經獲得八十位以上海內外的學者精英全力支持，包括臺灣、香港、新加坡、澳洲、美國、西德與加拿大七個地區；難得的是，更包括了日本與大韓民國好多位名流學者加入叢書作者的陣容，增加不少叢書的國際光彩。韓國的國際退溪學會也在定期月刊「退溪學界消息」鄭重推薦叢書兩次，我們藉此機會表示謝意。

　　原則上，本叢書應該包括古今中外所有著名的哲學思想家，但是除了財源問題之外也有人才不足的實際困難。就西方哲學來說，一大半作者的專長與興趣都集中在現代哲學部門，反映着我們在近代哲學的專門人才不太充足。再就東方哲學而言，印度哲學部門很難找到適當的專家與作者；至於貫穿整個亞洲思想文化的佛教部門，在中、韓兩國的佛教思想家方面雖有十位左右的作者參加，日本佛教與印度佛教方面卻仍近乎空白。人才與作者最多的是在儒家思想家這個部門，包括中、韓、日三國的儒學發展在內，最能令人滿意。總之，我們尋找叢書作者所遭遇到的這些困難，對於我們有一學術研究的重要啓示（或不如說是警號）：我們在印度思想、日本佛教以及西方哲學方面至今仍無高度的研究成果，我們必須早日設法彌補這些方面的人才缺失，以便提高我們的學術水平。相比之下，鄰邦日本一百多年來已造就了東西方哲學幾乎每一部門的專家學者，足資借鏡，有待我們迎頭趕上。

　　以儒、道、佛三家為主的中國哲學，可以說是傳統中國思想與文化的本有根基，有待我們經過一番批判的繼承與創造的發

展，重新提高它在世界哲學應有的地位。為了解決此一時代課題，我們實有必要重新比較中國哲學與（包括西方與日、韓、印等東方國家在內的）外國哲學的優劣長短，從中設法開闢一條合乎未來中國所需求的哲學理路。我們衷心盼望，本叢書將有助於讀者對此時代課題的深切關注與反思，且有助於中外哲學之間更進一步的交流與會通。

　　最後，我們應該強調，中國目前雖仍處於「一分為二」的政治局面，但是海峽兩岸的每一知識份子都應具有「文化中國」的共識共認，為了祖國傳統思想與文化的繼往開來承擔一份責任，這也是我們主編《世界哲學家叢書》的一大旨趣。

傅偉勳　韋政通
一九八六年五月四日

自　序

　　存在主義思潮在本世紀初興起於歐洲，經歷過第一次與第二次大戰，繼續發展，而在第二次世界大戰之後的十年到十五年間，蔚為風潮，達於鼎盛，且影響遍及全世界。無可否認，存在主義是二十世紀前半葉影響人類思維的重要運動。臺灣大約在六十年代初期亦開始感染了這股熱潮，當時青年大學生莫不以閱讀存在主義書籍，或談論相關的題材，而引以為時髦或風雅。只是，當臺灣流行存在主義思潮時，在歐洲不僅已走下坡，並且逐漸過時。不過許多介紹存在主義思潮的相關中文書籍和譯本，卻在這個時期，在坊間逐一出現。其中比較有名的有商務人人文庫陳鼓應所著的《存在主義》，趙雅博著《存在主義論叢》，以及志文出版社新潮文庫出版的系列翻譯叢書，如雅斯培的《智慧之路》，威廉・白瑞德的《非理性的人》，以及《沙特自傳》等。早期國內的讀者多半是透過上述這些書籍來認識存在主義的。而大體上說來，這些譯介的書籍好壞參差不齊，一般外文能力還不夠直接閱讀原文書的讀者或大學生，並不足以從這些書中一窺存在主義原貌。更有甚者，許多譯作品質不佳，誤解誤譯者比比皆是，循此途徑接觸存在主義思想，造成曲解或一知半解的情形，也就不足為怪了。

　　經過六、七十年代的興盛，存在主義熱潮在臺灣也已經冷卻下來，不過存在哲學家原著的中譯本，與介紹存在主義思潮的相

關中文書籍卻仍舊陸續湧現，沒有間斷。就雅斯培的作品而言，至今已經出版的中文翻譯，至少有十幾本。其他存在主義哲學家如尼采、齊克果、沙特、卡繆等人的著作中譯本亦閒續出版、呈現市面。從某方面來說，在資料充斥的今天要接觸任何一位存在思想家，應較從前更為有利，因為現在不但可以較前更為輕易、方便地閱覽他們的作品，而且可從眾多不同的譯介或註解資料中去加以比對、分析，從而掌握他們的思想。但從另一方面來說，這許多豐富的資料卻也可能含藏理解上的障礙與陷阱，因為像海德格、雅斯培這樣的哲學家，都喜歡使用一些自創的術語來表達自己的獨特思想，若是不事先弄清楚某些關鍵術語或名詞，通常不但很難以真正了解他們的思想，甚至會造成許多的曲解。另外由於德文的獨特性質，使得像海德格、雅斯培的哲學著作翻譯，倍增困難。這可以從上述提及的一些中譯作品中看出端倪。

　　筆者個人初次接觸存在主義思潮是在民國五十七年剛進大學之時，開始也都是閱讀上述那些令人看了似懂非懂的中文翻譯。無可諱言的，許多不負責任的翻譯確實讓人在看了之後，如墮五里霧中，在不知所云之外，還差一點就扼殺了仍在萌芽中對哲學的興趣。筆者在遭遇到如此挫折之後，深感要真正進入西洋哲學堂奧，必先唸好外文不可，便立志在英文以及其他歐洲語文方面下功夫，除了自己苦讀之外，並直接到外語學院的英文系及德文系修課。個人閱讀原文書的能力泰半是那時候打下的基礎。在大學四年當中，雖然還沒有足夠能力直接由原文去理解存在思潮，但當時卻受到開授存在主義課程的老師項退結教授在觀念上的啟蒙，這也奠定了日後個人鑽研雅斯培哲學的基礎。

　　筆者真正與雅斯培思想結緣卻是在民國六十八年從美國進修

回國之後的事。當時筆者在輔大外語學院院長孫志文教授主持下
的翻譯中心從事《當代德國思潮譯叢》套書的翻譯，因工作之便
翻譯了兩篇雅斯培的文章，標題分別是〈人是什麼？〉與〈哲學
當今的使命〉，收錄於聯經出版的《人與哲學》一書之內。後又
翻譯了雅斯培的《當代的精神處境》一書，後者亦由聯經出版。
經由個人翻譯的過程，也培養出對雅斯培哲學的興趣。同時開始
搜集雅斯培的各種著作，並著手精讀原文。在民國七十二年進輔
大哲研所博士班時，便準備研究雅斯培，並以「雅斯培的超越思
想研究」為題，擬了論文大綱，蒙項退結教授首肯，擔任論文指
導。項師要求我先從雅斯培的《哲學導論》一書著手，該書中譯
本即《智慧之路》，在大學時代即已讀過，可惜譯筆極不忠實，
當時並無法真正理解作者在說什麼。此時重讀，即把德文版與英
文譯本一起找來，對照著看，才赫然發現中譯本的錯誤，部分是
由於英文譯本的不當而來。可是中譯者所犯的錯誤，除了欠缺哲
學基本訓練與素養外，英文本身理解的錯誤與能力的欠缺，實在
是難辭其咎的。舉一個最明顯的例子，中譯者竟將 Thy will be
done 這樣一句簡單的英文譯為「你必奉行」，其實這句話是出
自《聖經》的「主禱文」（天主教譯作天主經）一般譯為「爾旨
承行」，一個被動的語句竟然當作主動句來理解，所有格的代名
詞也錯當成主格，諸如此類的錯誤還屢見不鮮。中譯本之不可靠
亦可見一斑。自己精讀雅斯培著作的方式，通常是以德文原著與
英文譯本一起對照來讀，並隨時就重點作筆記摘要。如此兩三年
時間，雅斯培重要的著作都唸了一遍。而博士論文也在三年之內
完成，順利取得學位。

　　在論文撰寫期間，承蒙項師多次指點，得以避免一些觀念的

誤解與名詞使用的不當。當然對於雅斯培的基本名詞與術語，也曾有一些爭論。如 Existenz 一詞筆者原本譯爲實存，這也是國內若干學者曾採用的譯法——如張康在其所譯的《哲學淺論》一書中即是如此用法，但項師認爲此一譯名並不妥當，因就字義而言，無論「存」與「在」都是惦——存惦、或體惦——的意思，這與存在哲學中強調關懷、掛念、良心、責任的精神若相契合，因此採用「存在」與「存在哲學」的用語，要比「實存」與「實存哲學」來得貼切。筆者經過一再考慮之後，決定放棄原先的譯法，改用「存在」來譯 Existenz 一詞。而雅斯培另外一個術語 Dasein，筆者原本譯作「此有」，項師亦認爲不妥，因爲海德格也同樣使用這個名詞來指稱人的存在，而在習慣上通常譯爲「此有」，項師認爲雅斯培的 Dasein 只是指稱物的存在，實應與海德格的 Dasein 一詞中譯加以區分，而一般雅斯培著作英譯者都將它譯爲 empirical existence，因此建議譯作「經驗事物」以示與海德格的「此有」相區分。筆者也接受了這項指正。

另外有幾個雅斯培的術語中譯，筆者所使用與項師用法不同的分別是：1. Grenzsituation 筆者譯作「界限處境」，項師作「界限情況」；2. das Umgreifende 筆者作「統攝者」，項師作「包圍者」；3. die Chiffre 筆者譯爲「密碼」，項師譯作「暗號」。這些名詞項師對我的譯法並未表示反對，因此筆者也繼續保持原本的用法。

在此必須交代的是，本書是以筆者的博士論文爲底稿，重新改寫完成的。第一、第二章，以及最後一章結論的部分都經過大幅度的重新改寫，中間的四章則作小幅度的修正。對於雅斯培這位當代的存在哲學大師，筆者膽敢接下棒子來介紹他深邃的思

想，多少有些自不量力。筆者在此只能模仿雅斯培的語氣，來說明自己的動機：雅斯培的哲學在許多方面深深地感動我，但我並不認為本書是呈現他思想真實面貌的唯一可能方式。因為每一位哲學家都完全屬於他自己，不容被納入任何一種安排或規則。因此我們只能以熱忱去洞察他的思想，但依此而進行的描述是沒有限制，也沒有定論的。重要的是，不在採取一種有利的觀點去從他的作品中挑出毛病，而是以一種虔敬的心去體會他言辭背後的真理。

　　本書原本在筆者完成博士論文之後，受項師推薦，而與三民書局簽約，應邀撰寫的。但因在完成輔大博士學位之後，又同時獲得中山獎學金赴英留學，在英國兩年期間，又苦讀修得一教育碩士學位，由於攻讀的是與先前不同的領域，這筆稿債也就拖延下來。回國後旋即任教於國立中央大學，由於不得已被迫兼任行政工作，這筆稿債也就一再拖延。直到今年六月，編輯方面催稿愈頻，自忖不宜再拖延下去，乃下決心摒棄一切雜務，將整個暑假撥冗出來，專心一致寫作。本書的完成，要特別感激當初擔任我博士論文指導的項退結與李震兩位教授，在觀念上的啟蒙與名詞的指正，另外對熱心協助本書部分文稿作文字輸入以及名詞索引工作的中大哲研所研究生石慧瑩同學，也表示感謝。最後，特別要為本書交稿的一再延拖，向《世界哲學家叢書》的主編韋政通先生，以及編輯部門致歉。

雅斯培 目次

第一章　導論: 雅斯培與當代哲學

第一節　存在思潮與雅斯培的哲學立場

　　一般公認二十世紀前半葉主宰西方哲學界的有兩大思潮: 卽邏輯實證論與存在主義。前者發源於奧國的維也納學圈 (Wiener Kreis)，而於英、美茁壯。後者則局限於歐陸發展。存在思想家在十九世紀時的先驅有德國的尼采 (Friedrich Nietzsche) 與丹麥的思想家齊克果 (Soren Kierkegaard)，到了本世紀將存在思想發揚光大的，在德國有雅斯培(Karl Jaspers)與海德格(Martin Heidegger)，在法國則有沙特 (Jean-Paul Sartre) 與馬賽爾 (Gabriel Marcel) 等人。還有人將文學家卡繆 (Albert Camus) 也算進去的❶。

　　在此首先必須澄清的是有關「存在主義」(Existentialism) 一詞的用法，因為二次世界大戰之後歐洲所興起的存在主義思潮其實主要是透過法國哲學家沙特的鼓吹和推波助瀾，才風行起來的。事實上「存在主義」一詞也確由沙特所首創❷。一般哲學圈

---

❶ Cf. Frederick Copleston, *Contemporary Philosophy*, London: Search Press, 1972, p. 125.

❷ 沙特本人在哲學上的立場是最徹底的無神論，但因深具文學天賦，擅長將個人思想寓藏於其文學作品之中，並藉著戲劇及小說的形式表現出來，以達到鼓動人心的效果。沙特曾於 1964 年獲得諾貝爾文學獎，但他卻拒絕領獎。

慣用「存在主義」一詞來囊括具有某些相同特徵的思想家，顯然
並不是很恰當的作法，因為在這些思想上多少具有家族類似性的
成員，除了沙特之外，很可能並沒有人會使用或贊同別人使用這
樣的名詞來 稱呼自己的哲學。 像對沙特思想有 極深影響的海德
格，就根本拒絕使用「存在主義」的稱號，而寧願使用「存在的
哲學」(Existenzialphilosophie) 來稱呼自己的哲學。雅斯培則稱
自己的哲學為「存在哲學」(Existenzphilosophie)。 另外像尼采
或齊克果，則恐怕從沒有聽過「存在主義」或「存在哲學」。另
外必須注意的是，在這些多少屬於同一類型的哲學家之間，從來
沒有任何形式的結合，更沒有共組成同一學派的企圖，因此若稱
呼他們為存在主義者或存在主義哲學家， 不僅不當， 而且不合
理。對他們比較恰當的稱呼應該是「存在思想家」，或者是「存
在哲學家」。

　　存在思想有它的一般共通性，譬如：它抗議那抹殺個人自由
的學術界及社會權勢，它呼籲人們擺脫僵化的抽象和自動化的齊
一。它也讓我們面對一些最根本、最內在的問題：世界是什麼？
人是什麼？我是誰？存有是什麼？如何實現自我？如何運用我的
自由？如何保持面對死亡的勇氣？而最重要的是： 每個人都得面
對這些問題，自己去尋求解答，以實現個人最真實的自我。

　　存在思想最主要的價值不在於提供標竿式的指引，而在於糾
正人們錯誤的態度和觀念。它使人們面對終極問題的迫切性，但
又不提供答案。存在哲學難以下定義，主要是因為每一位思想家
反系統。對他們而言，追求真理包含了一種深入的自我反省。最
重要的是： 人自身內在起了改變——包括個人的動機、感受和希
望，而不只是獲取豐富的知識。一切傳統的客觀哲學將理性與生

命二者分離，試圖將哲學科學化，而哲學不再是解決個人生命相關問題的思考，因此他們想扭轉此一頹勢，要強調個人主體認同的眞理。存在哲學家根本反對：人生眞正重大的問題是可以只憑科學知識以及清晰的邏輯思考就可以解決的。

雖然我們面臨下定義的種種困難以及各個思想家之間思想內容的重大歧異，我們仍然可以試著爲存在哲學的一般特徵作一番描繪❸：

一、存在哲學是對一切形式的理性主義所產生的反動。理性主義認爲實在只有透過理智才能把握，而存在哲學卻反對邏輯思考是達到眞理最妥當的方法。

二、存在哲學反對一切把人當作物的觀點，人不只是一些功能和反應的聚合而已。它反對機械論及自然主義。它也反對一切體制和組織的宰制，特別是在組織控制下的羣眾心態，足以扼殺個人的自發創造力和獨特性。

三、存在哲學徹底劃分主觀眞理與客觀眞理的區別，而且標榜主觀眞理優於客觀眞理。日常用語中的「主觀」一詞常有「固執己見、自以爲是，甚至不可靠」等負面意義。但這都不是存在哲學所強調的「主觀」或「主體性」(subjectivity) 之意義。科學的眞理只是一種客觀眞理，但卻不是一種可以作爲我們生活上來奉行的眞理。人要是想追求終極的眞理，不應該只是理智的追求，而應該是整個人將自己生命全部投入的追求。除了理智之外，他更應該將他整個人的感情、意志也全部投入，使他自己所追求到的眞理，不是一堆死的知識，而是活生生的。

❸ Cf. David E Roberts, *Existentialism and Religious Belief*, New York: Oxford Univ. Press, 1959, pp.6-8.

四、存在哲學認為人根本上是不確定的。這主要是因為他強調人的自由所致。人充滿矛盾衝突的處境，無法透過一致的思考來解決。人是自由的，但也意識到對自己行為的責任。人是有限的，他無法透過自己的行動或想像來超越任何特殊情況的限制。他的生命受到時間的限制，並且正走向死亡，但他與永恆卻有奇妙的關係，因為他能超越目前來察看過去與未來的關係。從頭到腳，人可以說是一種矛盾的生物。從外看來，他只不過是自然界無盡過程中的小插曲。從內看來，每個人自身又都是一個具體而微的小宇宙。

除了上述幾項基本特徵外，有學者把存在哲學所關心的問題歸納為五大項主題❹，我們嘗試簡要說明如下：

第一項主題是：「哲學探求的主要目的為何？」如果哲學與科學一樣只注重客觀知識的探求，而忽略了抽象推理和實際人生的關係，是否有些本末倒置了呢？哲學如果不能幫助個人安身立命，是否還有任何價值呢？存在哲學提出了這一連串的問題，無非是為人指出：哲學的使命是要幫助個人重新尋回自己存在的價值。

第二項主題是：「形上學當如何重建？」存在哲學家普遍都對「存有」的問題表示關心，而他們也幾乎都從對自我及對自我處境的分析著手形上的探討。對他們而言，形上學若仍然可能，便必須在個人存在的領域中來進行，由此或許可能（或許是不可

---

❹ Cf. Frederick Patka, *Existentialist Thinkers and Thought*, New York: Philosophical Library, 1962, pp. 13-72. 另請參閱 J. Collins, *The Existentialists—A Critical Study*, Chicago: Henry Regnery, 1952, pp. 211f.

能）爲一絕對的存在作一描述性的分析。

第三項主題是有關個人存在的問題。一般存在哲學家所指的「存在」，通常是指個人對世界和對自身的抉擇態度。人在世上的處境是獨特的，一方面他是自然的一部分，因此受到一切環境的限制，但另一方面他是具有意識的精神體，他擁有自由。由於這種自由，人可以超越他原本所是。

第四項主題是：「人與人之間要如何溝通？」由於個人存在的內在性形成一個封閉的小天地，如何打破這個封閉的圈子與其他存在的個人溝通，乃成爲問題。存在哲學家之中只有沙特一人根本否定人與人之間有完全溝通的可能性，不但如此，而且認爲人與人之間的衝突根本無法避免。而海德格則贊同馬賽爾與雅斯培，認爲自我之間的相互關係爲個人存在的完美或成全是不可少的。

第五項主題是有關「超越界」的問題。哲學的追求不能拋開人自身命運和終極關懷的問題，而哲學中心的探求——形上學，就是要對哲學家可能提出的問題提供最終極的答案。存在哲學當然無法自外於「超越界」的問題，對於形上實在的問題，它尤其關切。儘管各個存在哲學家對「超越界」的實在與否持著不同的態度，但他們經常使用的一些語詞譬如：「存在」、「自由」、「抉擇」、「痛苦」、「罪惡」、「死亡」、「關懷」、及「牽掛」、「憂懼」、「虛無」、「存有」等等，都離不開形上學或宗教的範圍。像雅斯培及馬賽爾，雖然都認爲傳統的理性思考無法建立起形上學，但都不排除達到「絕對者」或「超越界」的可能。

總而言之，一般存在哲學家最關心的問題無非就是個人如何

透過自身自由的抉擇以實現眞實存在的問題。而在雅斯培看來，
這一項問題也就是「存在照明」（Existenzerhellung）──卽如何
讓個人的存在獲得照明，以實現眞實的自我──的問題。這項問
題固然是哲學中極重要的問題，卻不是唯一的問題。它是哲學整
體中不可少的一部分，卻不是全部。雅斯培根本上反對把哲學當
作一種流行的口號或時髦的運動，哲學所追求的目標應該是沒有
時間性、和永恆的事物。像沙特那樣把存在思想當作一種主義來
宣揚的作法，雅斯培是無法贊同的。其實早在「存在主義」在二
次大戰後經沙特的大肆鼓吹而風行歐洲之前，雅斯培就曾以一種
憂心忡忡的口吻說道：「我發明『存在主義』一詞，是用來指稱
存在照明的可能墮落❺。」沒有想到雅斯培刻意貶損的語詞竟然
被沙特用來作爲他自己哲學的代稱，他的哲學立場與哲學思想內

❺ "Als ich in den letzten Jahren vor dem Kriege und im Kriege
mein Buch 'Von der Wahrheit' schrieb, das aus Gründen der
politischen Gewalt erst nach dem Kriege erscheinen konnte,
glaubte ich bei der Erörterung von der Verabsolutierungen ein
Wort zu erfinden, 'Existentialismus', für eine mögliche En-
tartung der Existenzerhellung. Nach dem Kriege war ich über-
rascht, die Verwirklichung dessen in Frankreich zu sehen.
Den Weg dieses späteren Existentialismus habe ich nicht
beschritten oder vorweggenommen. "（就在我從二次大戰前一年
開始寫，並在大戰中寫成，但由於政治上的恐怖威脅而未能出版，
一直到戰後才出版的《論眞理》一書中，我曾舉例說明何謂絕對
化，我想到了發明「存在主義」一詞，用來指稱存在照明的可能墮
落。到了戰後，我很訝異「存在主義」竟然在法國流行了起來。存
在主義後來這樣子發展，我從來沒有預料到，更不要說是追求。）
See Karl Jaspers, *Philosophie I*, Berlin, Heidelberg, New
York: Springer-Verlag, 1973, Nachwort (1955) S. XXIII.
See also *Philosophy*, vol. 1, translated by E. B. Ashton,
Chicago: University of Chicago, p. 5.

容遭到雅斯培的摒棄，乃是必然的結果。

第二節　雅斯培哲學的特色

在眾多的當代思想家之中，或許很難找到一位像雅斯培一樣思想有深度，對存有問題的探求具有高超的形上意境，對傳統的哲學也有深切的體認與熟悉，而且對現代科學的方法具有深厚的素養，並對現代科技的成就也有相當認知的。最重要也是最可貴的一點是，雅斯培對於現代人存在的種種遭遇與其精神處境，所作深入的觀察與反思，在在都顯示出他是一位具有深刻洞察力、並且是走在時代前端的大思想家。卽使在存在思潮的熱度已經消退的今日，雅斯培這位存在哲學的大師也早已經作古，可是他的哲學洞見仍然閃爍著耀眼的智慧光芒，不但沒有受到時間的影響而淘汰，反而歷久彌新。歷來所有偉大的哲學家，他們的思想就像黑暗中的明燈，照亮了在迷惘中的人們，並為全人類指引了方向與目標。

自古希臘以來，哲學的目標便是追求智慧與眞理。可是雅斯培反對以作一名象牙塔中的哲學家為滿足。哲學家除了追求智慧與眞理之外，他對社會、對時代、甚至對全人類都負有崇高而獨特的使命。也就是要將他所發現的眞理，用一般人都聽得懂的語言表達出來，讓大家分享，讓眾人在生活上有所遵循。可是很不幸的是，哲學家的角色在社會上一直廣受人們誤解，哲學的功能與作用也一直遭人忽視。在雅斯培看來，哲學之所以會淪落到這種地步，主要是一般哲學工作者把哲學只當作一門專業的知識來

看待，而非一種可以應用到生活上的智慧。當然由於近代知識上
專業的分工，哲學就像其他任何一門學科一樣，擁有自身專業研
究的領域，但是哲學最重要的功能並不是追求一堆死的知識，而
是特別注重思維與研究的過程。我們發現，在雅斯培的著作中，
他經常以「哲學追求」(Philosophieren)這個動名詞，來代替「哲
學」(Philosophie)這個名詞❻。

其實哲學還不僅是一種思想上的追求與研究而已，它也是一
種生活的態度與追求。一個人不一定非要成為一位哲學家，但卻
不能沒有哲學的素養和從事哲學思維的習慣。哲學思維和科學思
考是不一樣的，其中最大的不同是，科學以對象性的思考為主，
它必須有明確的研究對象，它思考的方式是循邏輯程序的，因此
它也是一種邏輯思考。哲學的思維雖也包括了邏輯思考的成分，
還包括了反省思考，這是返回主體自身所作的考察。除此之外，
哲學的思維還更進一步要求超越主客體的對立去從事所謂「統攝
的思考❼。」哲學這種統攝的思考，換句話說，也就是一種宏觀
的思考，它不同於且相對於科學所常用的微觀思考。

雅斯培雖然是一位西方的哲學家，而且他的思想也根植於西

------

❻ 對雅斯培而言，哲學是一種動態的追求行動，而非靜態的一堆死知
識，它注重追求的過程甚於目標的達成。所以雅斯培經常以Philo-
sophieren 一字來替代 Philosophie，主要的用意是避免人們把哲學
單純當作一門學科或知識來看。譬如在《哲學導論》一書中，它曾
說：「掌握人類真正處境的這種實在，乃是哲學追求的目的。」
(Dieses Wirklichkeit in der Situation zu gewinnen, in der
jeweils ein Mensch steht, ist der Sinn des Philosophierens.)
Karl Jaspers, *Einführung in die Philosophie*, München: R.
Piper & Co. Verlag, 1971, S. 13.

❼ 「統攝者」(das Umgreifende)這個概念是雅斯培哲學中最深奧、
也最重要的概念。我們將在第三章再詳細介紹這一概念。

方的文化傳統，但他的眼光卻決不局限於西方的世界。他是少數
幾位能摒棄一般西方人狹隘的種族文化優越感，而公平地看待西
方以外地區文化與文明的西方哲學家。他對於東方的哲學思想與
文化遺產，不僅有相當深入的體認與理解，而且也持著一種欣然
接納與十分讚賞的態度。在他的大作《偉大哲學家》(*Die grossen
Philosophen*) 一書中，他將孔子、老子、佛陀，與耶穌並列為
四大聖哲，而且對孔子與老子的思想與人格典範，大加推崇。雅
斯培本人以及他的思想之所以可貴，就在於他這種開闊而不偏狹
的胸襟，以及開放而充滿包容的精神。

在雅斯培看來，人是一種隨時在改變的存有者，也因此不能
加以定義。雖然不能定義，但是還是可以對人的基本特徵與處境
加以描繪。人一方面是生在自然界當中，是大自然的產物，但另
一方面他也是生在自身所創造與改變的歷史當中，是過往歷史的
產物。人一方面是動物的一種，與其他動物一樣有生理上的衝動
與需要，也尋求這方面的滿足；但另一方面，人卻與動物不同，
人會對現狀不滿，會企圖改變現狀，而且也可以變得和原來的存
有形式不一樣，可是除了人以外的動物只能依原有的形式繁衍，
卻無能改變現狀❽。人生可以說是一個不斷追求的過程，人一直
在追求自身需要和慾望的滿足，但卻永遠不會感到真正的滿足，
這個事實乃是促使人們追求超越的背後動機。每當我們遭遇挫折
或有願望不能滿足時，便會開始思考、反省，並展開自我的追
尋。我們總企望下一刻的我能超越此刻的我，無論我們追求的是

---

❽ Cf. Karl Jaspers, "What is Man?" in *Universitas*, English
edition, 8/1/1965. 中文請參考拙譯，〈人是什麼?〉收錄於孫志
文主編，《人與哲學》一書內，臺北，聯經，1982。

權勢、名利、財富、情愛，或者是智慧與眞理，我們總是希望能
因目標的實現，而使自己的內心更充實、更圓滿。

然而，我們的各種追求並不見得都能順利達成目標。許多我
們所追求的目標，固然一方面要靠自身的能力與努力，但另一方
面也要靠客觀環境的配合，才有可能實現。我們所追求的一些世
俗目標，經常會使我們嚐到挫敗的滋味。而卽使我們成功地實現
了某些目標，我們也不可能長久保持滿足。通常我們會有新的願
望和目標出現，如此形成了無止境的追求過程。而在這些追求過
程當中，必定有某些境遇或情況，無論我們怎樣努力，都是無法
克服或改變的。譬如像勞苦、老邁、病痛、死亡等情境，都是每
個人一生中沒有辦法避免，也經常莫可奈何、無力改變的事。雅
斯培便把這樣的情況稱爲「界限處境」(Grenzsituation)。面對這
樣的界限處境，我們再度體驗到「挫敗」(Scheitern)，然而這卻
不是普通的挫折，而是一種「絕對的挫敗」(Absolute Scheitern)
❾。

對每一個個人而言，最重要的事情，便是面對挫敗時所把持
的態度。在面對挫敗時，每個人有兩條可能的選擇：第一條是選
擇幻滅與空無，但此一選擇會讓我們覺得人生不再有意義，人世
間也根本沒有任何眞實的東西，值得留戀，進一步失去了一切的
信心與希望，甚至失去繼續活下去的勇氣；第二條選擇則擺脫並

---

❾ 「挫敗」一詞爲雅斯培專用的術語，它的德文是 Scheitern，本指
　船隻在海上擱淺或觸礁，比英文中的同義語詞 failure，或 founde-
　ring 更廣泛用於口語隱喻中。雅斯培更擴大此一語詞之哲學含義。
　本書中採用「挫敗」一詞爲此一德文語詞之中譯，以與一般意義之
　「失敗」有所區分。

超越一切人世間幻滅的事物，進而體察眞正的存有❿。

從世俗的眼光看來，哲學或許是個無用的學科，學哲學或者從事哲學的研究，無異於自尋煩惱。帶這種眼光的人會說：像我們這樣子不思、不想，照樣可以快樂的生活，何必要學什麼哲學呢？可是，事實卻不盡然像他們所說的那樣。一個人在一生中，誰敢保證永遠不會遭遇到任何不平順的事情呢？我們之所以要研究哲學，最重要的理由便是，我們應爲自己個人安身立命找尋基礎或根源。換句話說，我們應該知道自己爲什麼而活。固然有一些人或許會比較幸運，很少遭遇到失敗與挫折，經常處在順境之中，但是像雅斯培所說的那種「界限處境」，卻是每一個人遲早必然會面臨的情況。我們每個人終究要面對像莎士比亞劇本中，哈姆雷特所遭遇的「存或不存」(to be or not to be) 生死般的抉擇。

這種抉擇實際上也就是存有與虛無的抉擇。生命的意義、生存的理由、以及人生的價值，完全要靠我們的抉擇而定。如果我們想要生存下去，而且想要生活得有意義，就必須在一切幻滅的「世界存有」之上⓫，尋求超越，以把握眞正的存有。

然而，什麼是眞正的存有？卻是一個不易回答的問題。它不但是要透過哲學思維不斷去追問、思索，也是哲學、形上學的核

---

❿ 參照 *Einführung*, S. 20. "In den Grenzsituationen zeigt sich entweder das Nichts, oder es wird fühlbar, was trotz und über allem verschwindenden Weltsein eigentlich ist." (在界限處境中，或者面對虛無，或者超越一切幻滅的世界存有，而體察眞正的存有。)

⓫ 所謂「世界存有」(Weltsein)，乃是指我們所認知，以及認知上所察知的未知事物。

心問題。所謂眞正的存有，也就是指「存有自身」(Sein-an-sich)，它實在是無法以對象性思考來認知的，因爲它是我們自身存在和思考的最終極基礎，是超越主、客體之上的。因此我們應當了解「存有本身」是無法以一般認知的方法來完成的，只有憑藉著「超越的思考」(transcending thinking) 去掌握它。這種思考方式要凌駕一切對象思考的形式，以一種近似士林哲學的「否定之路」(via negativa) 來進行。它不以任何事物或對象爲目標，它也不提供任何解答問題的方式。然而，它卻改變了我們整個對經驗的態度，我們不再把熟悉的世界當作理所當然，也不再視其爲終極的目的。我們生活在這個世界上，卻不與之同流合汚，卻始終懷抱著一種超然的態度。

在對眞實存有的探求中，我們首先尋求對自身（主體）以及對世界（客體）之超越。超越的進行有好幾種方式，首先有所謂的「形式的超越」(formal transcending)，乃視我們思想一切可思之物時，所表現的凌駕其上，亦卽憑藉我自身的理性使我超越一切能够被思之物，而去思考那不可思議的「存有本身」。接著，我在界限處境中，面對自身，從而發現自己與超越界密切相關，此「超越界」(Transzendenz) 卽指高於人與世界的存有層次。然後，我可藉思考雅斯培所謂的「密碼」(Chiffre)，進而超越人與世界⑫。

總之，雅斯培的哲學有下列三項特色：一、它是一套安身立

---

⑫ 「密碼」(die Chiffre) 一詞也是雅斯培哲學思想中的一個重要術語，它預設了吾人的理性無法直接認知世界的本質，「實在」必須透過「表相」的秘密語言來解讀。對雅斯培而言，「密碼」並不等同於「表相」，而是由超越者透過表相對「存在」所說的話語。

命之學。雅斯培的存在哲學對於個人存在的根源和基礎確實蘊藏著許多寶貴的洞見，可供吾人尋求安身立命作為參考。二、它是一套超越哲學。雅斯培對於人性的圓滿及成全抱著一種相當樂觀的態度，他的超越概念不僅對人生展現出一種終極的關懷，而且相信個人存在的意義與自我生命的價值終究是可以圓滿實現的。三、它充分展現了「永恆哲學」的理念。所謂「永恆哲學」(philosophia perennis) 本是士林哲學的概念，它基本上是說，哲學上有些恆久的問題，並不會因時代不同而過時，當然各個時代對於這些問題可能有不同的答案，而這樣對問題提出和答覆的過程，在各個時代週而復始地出現，因此稱為永恆哲學。在雅斯培看來，不但宇宙間一切事物都是指向超越的密碼，可以答覆我們有關終極關懷的恆久問題，甚至過去所有偉大哲學家的思想，也都是我們可以憑藉作為開啟這些恆久問題之鑰，以及躍向超越界的密碼。因而，雅斯培的哲學思想，由於對於這些恆久問題的關懷，可以視為一種密碼，只要我們用心去參透，即可與超越界相遇。就這一點而言，雅斯培的哲學不僅充滿了深刻而睿智的洞見，而且也充分表現出「永恆哲學」的理念❸。

---

❸ 雅斯培曾說過：「我過去雖然不知道哲學究竟是什麼，但是現在我知道，沒有人單獨擁有它，而且每一個人都可以依照他自己的方式來分享它，哲學本是指永恆哲學。」參閱德文版 Karl Jaspers, *Philosophie I*, S. XXIII, "Die Philosophie galt mir, obgleich ich nicht wußte, was sie war, und weiß, daß sie niemand hat oder alle auf ihre Weise an ihr teilhaben mögen, als die ewige Philosophie." 或英文版 *Philosophy*, vol. I, p. 11. "To me, ... philosophy was the philosophia perennis."

第三節　雅斯培的思想方法

雅斯培在他哲學研究中最關心的一個恆久的問題，便是如何躍向超越，把握眞實存在的問題。我們可以說，他的存在哲學實際上就是圍繞著「超越」和「超越界」的概念在打轉的，如何才能從個人存在和自我生命的「有限」進入「無限」，從主客對立的「相對」躍入「絕對」，一直是雅斯培哲學關懷的核心。雅斯培究竟如何解決他所關心的哲學問題？ 這就涉及到他本人哲學探討所使用的方法，換言之，也就是他本人的思想方法。

據雅斯培本人在他的《哲學自傳》一書中自述，他的哲學探究有兩項預設作爲出發點❶。第一項預設是，科學知識爲一切哲學的探就是一項不可或缺的要素。須知沒有科學，也就沒有今日現實的一切成就。雖然科學知識的精確性可以完全獨立於哲學眞理之外，但是科學知識對哲學而言，不僅是相關的，更是不可或缺的。但是從另一方面看來，科學不僅不能提供它自身何以存在的理由，而且也無法爲人指出人生的意義，和進一步爲人提供明確的指引。換言之，科學家必須借重哲學的反省才能清楚意識到自己所使用的方法，並察知自身的限制，從而也能作進一步的改進和突破。

---

❶ "Meine philosophischen Bemühungen standen unter zwei Voraussetzungen,..." Karl Jaspers, *Philosophische Autobiographie*, erweiterte Neuausgabe, München: R. Piper & Co. Verlag, 1977, S. 44.

第二項預設是: 有另一種思考方式，從科學的觀點來看，並不是普遍能令人信服其眞實性的，因爲它不像科學認知能產生眞確的效果。這種思考方式，卽是哲學的思考或哲學思維，它使吾人走向眞實的自我。它透過吾人內在的行動，喚起自我之內的根源，而這個根源卻是賦予科學本身意義的最終基礎。

上述兩項預設，正好代表了雅斯培的兩種並行的思考途徑，第一條途徑是純粹理性的路子，是科學認知的方法，也是邏輯思考的方式。從事哲學研究不但不能排斥這種理性認知的方法，反而得時時借助這種思考方式。可是雅斯培認爲，單憑這種理性思考的方式，並不足以達成哲學的終極目標。因此，要有第二條途徑，卽哲學的思考，它是一種反省的思考，也是指向自我或回歸內心的沈思或默想。這也是雅斯培所說「照明存在」或「存在照明」的方式。這兩條途徑，雅斯培把它比擬爲鳥的雙翼❶❺。就如同一隻小鳥，要靠它的一雙翅膀才能起飛翺翔，光靠揮動其中一隻翅膀，無論如何是飛不起來的。存在的個人想要超越自我及世界，若只靠其中任何一種方式，將會是徒勞無功的。

雅斯培曾明白告知他的讀者，不能光從科學的角度來看他的書，因爲任何人如果只以一種科學研究的心態來看他的書，或研究他的思想，並企望獲得某種眞確的知識，如科學知識，便注定

---

❶❺ "Denn erst durch das Zusammenwirken beider kann, mit der Mitteilung des Versuchs vernünftigen Erhellens, im Leser der wirkliche philosophische Flug möglich werden." *Philosophie I*, S. XXIX. 該書英譯本譯者將雅斯培的這種特殊思想方法發明，直接了當稱之爲「雙翼說」(the "two wings" doctrine)。*Philosophy*, vol. 1, Translator's Note, p. xv.

要失望⑯。雅斯培的文字經常是意在言外的，表達思想固然要借重語言和文字，但要表達或把握深奧的思想，也必然會受到語言和文字的限制。唯有使用文字而不拘泥於文字，且不受文字所限者，才能參與奧秘的思想。從事哲學研究者，如果不能隨時體悟到這層限制，從而擺脫文字的桎梏，將無從了悟雅斯培深刻的思想內涵。莊子有句話或可作爲雅斯培思想方法的最佳詮釋：「荃者所以在魚，得魚而忘荃；蹄者所以在兔，得兔而忘蹄；言者所以在意，得意而忘言⑰。」荃是捕魚的籠子，它是工具，而不是目的，漁人捕到了魚，自然可以拋掉籠子。蹄是捕兔的工具，獵人捕到兔子，也會拋開幫他達到目的的蹄。語言是表達情意的工具，只要情意表達出來爲對方理解，自然也可以拋棄語言，忘掉語言的限制與不足。東西方的哲學大師，在形上意境的表達與掌握上，竟然有如此巧妙的類同，也可以說是殊途同歸了。

　　雅斯培對於「理性」與「存在」兩條途徑並重的作法，可以說是頗符合中庸之道的。在西洋哲學史上，理性主義過分注重理性功能與角色的作法，使西方文化產生了種種偏差與弊端，尼采與齊克果的哲學便是針對理性主義只重普遍抽象的概念，而忽視個人存在的作法，所產生的反動。雅斯培則同時接受了理性主義的理性，以及尼采與齊克果的存在概念的雙重思想根源，而認爲理性與存在二者相輔相成，缺一不可。固然光憑理智的努力和邏輯的思考，或許可以獲得科學上確切的知識，但卻無法達到超越

---

⑯ "Daher muß ein Leser, der im Sinne wissenschaftlicher Philosophie eine Sache als Lehre (Doktrin) sucht, von diesem Buch enttäuscht sein." Op. cit., S. XXIX.

⑰ 見《莊子・外物篇》。

的境界; 而光憑玄思, 讓自己沈浸在神秘的氛圍之中, 同樣也無
法真正達到雅斯培所說的超越界。

對雅斯培而言, 哲學追求就是個人實現真實自我, 走向超越
的過程。因此, 如何衝破界限處境所給我們帶來的種種挫折與艱
困, 如何在經歷無數次挫敗的打擊之後, 仍然能恢復信心, 再度
站立起來, 繼續大步向前邁進, 乃成爲雅斯培哲學中追求終極關
懷的問題。在雅斯培眾多著作中, 最有系統來展現此一「超越」
主題的, 首推一九三二年出版的《哲學》(*Philosophie*) 一書,
尤其是該書第三卷「形上學」部分, 即完全用來討論「超越」及
「超越界」的問題⑱。

雅斯培和其他存在思想家基本上都有反對系統哲學的傾向,
因而也排斥爲自己的哲學建構系統⑲。他們之所以反系統是因爲
他們相信, 真理與存有若要在一個作爲整體的思想系統中展現,
必然會因最終形式的完成, 而變得停滯而僵化。對雅斯培而言,

---

⑱ Karl Jaspers, *Philosophie III—Metaphysik*. 《哲學》一書第三
卷共分四章, 標題分別是: 一、超越界, 二、形式的超越, 三、存
在與超越界的關係, 四、密碼的解讀。

⑲ 雅斯培曾說: 「系統與封閉的和決定的有關, 但是經驗事物卻正好
相反。」(System und Abgeschlossensein entsprechen einender,
aber dasein ist gerade das Entgegengesetzte.) Karl Jaspers,
Vernunft und Existenz, München: R. Piper & Co. Verlag,
S. 13. 另外他也說: 「因此任何有意義的哲學都不能是封閉的概念系
統。」(Hance no meaningful philosophy can be a self-contained
conceptual system.) See also Karl Jaspers, *The Perennial
Scope of Philosophy*, translated by R. Manheim, London:
Routledge & Kegan Paul Ltd., 1950, p. 15.

哲學是永遠在過程中的[20]，永遠不會完成，因為若是真有那麼一天，哲學便死了，不再有生命。當我們研究雅斯培的哲學思想時，我們也應當了解他哲學的這一點特色，即看似有系統，一旦接觸，又會覺得捉摸不定。即使他被公認是存在哲學家中最有系統的一位，但我們絕不可因此認定，雅斯培的哲學是可以透過系統的整理就可以掌握的。我們如果真要掌握他哲學的精髓，就必須使用他自己哲學追求所用的方法，即除了理性的認知外，還必須有存在的體悟，而且要二者雙管齊下，同時並進才行。

第四節　雅斯培在當代哲學中的地位

無論我們從那個角度看，雅斯培是德國，也是歐洲，甚至是全世界的重要哲學家。他與海德格同為當代德國存在哲學思潮的創始人。他與海德格也同樣被人們推崇為代表二十世紀德國的大師級哲學家。在德國有許多人說，在眾多哲學家中，只有雅斯培致力於將哲學推廣為一般大眾的知識；而他自己也說：把哲學從大學的講堂帶到市場上，是他所努力的目標。雅斯培認為，哲學不應該只是象牙塔中知識分子的專利，他更身體力行使他自己的哲學大眾化。另外，雅斯培是本世紀在德國和在世界上擁有最多

---

[20] 雅斯培曾說：「哲學的本質不在真理的擁有，而在真理的追求。」
（...das Suchen der Wahrheit, nicht der Besitz der Wahrheit ist das Wesen der Philosophie.）又說：「哲學的意義就是它還在路途中。」（Philosophie heißt: auf dem Wege sein.）Karl Jaspers, *Einführung in die Philosophie*, München: R. Piper & Co. Verlag, S. 13.

讀者的德國當代哲學家。當然這只是指他的一些較為淺近的著作而言。這些著作使他受到相當廣泛的讀者羣的歡迎。但是他的主要哲學著作，卽使對哲學圈的人而言，為人讀過的並不多。事實上，他的哲學對一般大眾的影響，比他對哲學學界的影響要大得多。

　　我們當然不能因此推斷雅斯培只是一位膚淺的大眾哲學家。非但不是如此，他可以說是一位非常有深度的哲學家，他在哲學上的成就與造詣，決不會輸給任何一位科班出身的哲學家。只是從一位受過哲學正規教育，科班出身的哲學家看來，雅斯培的哲學顯得那麼獨特而與眾不同，因而很難將他的哲學接納到哲學界的主流當中。雅斯培早年受過完整的醫學訓練，他同時也是心理醫學的先驅者，對於科學研究不僅十分嫻熟，而且也十分重視。就是這些在精神醫學領域裏實際與病人接觸的臨床經驗，不僅使他對現代人的精神處境有了相當敏感的體認與透徹的理解，而且也使他成為獨具特色的存在哲學家。

　　雅斯培在本世紀眾多存在哲學家當中絕非泛泛等閒之輩。相反的，他比海德格、沙特等人更早注意到個人存在的獨特處境，也比他們更早揭櫫「存在哲學」理念的精義。存在思潮之所以能在二十世紀成為西方思想界中與邏輯分析分庭抗禮的哲學流派，實應歸功於雅斯培開風氣之先。至於所謂的「存在哲學」，雅斯培是這樣解釋的:

　　　　存在哲學是人可憑藉尋回自我的方式; 它運用專門的知識，
　　　而在同時又超越了專門知識。這種思考方式並不認知對
　　　象，卻照明並實現了思考者的存在。由於超越了對世界的

認知（這是對世界採取的一種哲學態度），而被帶進一種
飄忽不定的狀態，這種思考方式訴諸它自身的自由（作為
存在的照明），並透過對超越者的召喚（作為形上學），為
自身不受制約的行動爭取空間。㉑

其實，雅斯培早在一九一九年出版的《宇宙觀的心理學》一
書中，就以生命與存在作為全書的重點。海德格在年輕時便曾仔
細研讀過此書，並寫下了長篇評論。雖然他批評雅斯培對存在現
象欠缺深入了解，但雅斯培的存在思想無疑地對海德格自身思想
的形成有若干影響㉒。眾所週知，主張存在主義的沙特受到了海
德格思想不少的影響，而海德格又受到雅斯培的影響，雅斯培在
存在思想家中的地位並不容人們輕忽。

英國的哲學史家科普斯敦 (Frederick Copleston) 曾經這樣
評論雅斯培：「我們發現他是這樣一個人，一方面充分意識到科
學的進步與限制，一方面又真正相信哲學的價值和其特殊功能，
且在當今這個世界裏，他對於人類確實需要超越界且嚮往著超越
界，不惜挺身出來作證。同時，很容易明白的是，雖然他的哲學
足以激發並鼓舞一般大眾，但他的影響力在大學的哲學圈中卻是
相當有限的。因為他的哲學真正只有一個目標，就是照明並激發
人們超越一切可以明白思議的事情。雖然我本人對雅斯培深表同

㉑ Karl Jaspers, *Man in the Modern Age*, trans. by Eden and Cedar Paul, New York: Doubleday, Anchor Books editions, 1957, p. 175. 該書業經筆者迻譯為中文，參閱拙譯《當代的精神處境》，臺北，聯經，民國74年，p. 140。

㉒ 參閱項退結著，《海德格》，臺北，東大圖書公司，民國78年，p. 27。

情，但是在德國，大學的教授和學生卻發現海德格的現象學分析更爲具體、且更具吸引力。他們那些人說，海德格至少還言之有物，但是雅斯培所關心的卻是要將我們引領到不可思議的境界中去，這種心態是我們可以諒解的㉓。」

不管上述科普斯敦的評論是否恰當或公允，這一段話多少反應了歐美哲學界中的一種現實。即在歐美大學的哲學系裏，對雅斯培的注意總是不及海德格。相對而言，雅斯培對於大學學院派哲學的影響，到目前爲止，還是相當微弱的。就以美國出版的博士論文摘要索引當中所提供的資料而言，以雅斯培爲論文研究題材的遠遠不及海德格。在英國及美國大學的哲學系課表中，許多開設存在主義課程的，其內容經常只提及沙特與海德格，卻不知是有意或無意忽略了雅斯培。就連許多介紹存在思潮的著作也經常忽略了雅斯培㉔。

當然，我們在此並不是要爲雅斯培在當代哲學界中受到的不平待遇叫屈，但是我們必須提醒讀者，哲學家思想的偉大或重要性，並不完全能以他的哲學是否能成爲一種流行的學說或一個學派來衡量。這種標準與他的哲學基本理念根本是背道而馳的。這種形式的影響他也不想要。雅斯培的哲學自有他重要及有價值的一面，即使哲學界的同事因他是非正統學院派出身而始終對他有相當的排斥，即使他在哲學界並沒有受到和海德格同等的重視和

㉓ See Frederick Copleston, *Contemporary Philosophy*, Revised ed., London: Search Press, 1973, p.165.

㉔ 例如 William Barrett 所作《非理性的人─存在哲學研究》〔*Irrational Man—A Study in Existential Philosophy*〕一書中，就只提及齊克果、尼采、海德格與沙特，而未談到雅斯培。參閱彭鏡禧之中譯本，臺北，志文出版社，新潮文庫，民國63年再版。

注意，他哲學的重要性與價值就在於提供了與正統學院派不同的觀點來從事哲學的研究。對於一般人總是拿他和海德格相比，詢問究竟誰的哲學成就較大，雅斯培自己的看法是，他們兩人的工作都可視爲是當前哲學的努力之一。如果用偉大思想家的標準來衡量，兩個人都不夠格。但如果硬要比較，雅斯培承認，海德格所完成的《存有與時間》一書，在將哲學具體化的藝術方面，以及用字遣詞方面，都遠遠超過他自己。可是他自覺，他自己在全面促進人們相互溝通上追求眞理的熱忱，並從更廣泛的角度從事更具體的觀察方面，卻不會輸給海德格㉕。

雅斯培一生當中出版了將近五十本書，這的確是了不起的成就，也充分表示他用功治學之勤。除了著作等身之外，更重要的是他思想的寬廣和開放，予人以非常深刻的印象。這一點使雅斯培成爲出類拔萃的哲學家。總之，他可以被稱爲是視野最寬廣的哲學家㉖。

㉕ 參閱 Hans Saner, *Karl Jaspers*, 張繼武、倪梁康譯，《雅斯貝爾斯》，北京，三聯，1988，p. 237。
㉖ 請參閱拙譯，《當代的精神處境》，孫志文所作之「主編者引言」部分，臺北，聯經，民國 74 年初版，p. xiii.

第二章 雅斯培其人及其思想發展

第一節 雅斯培生平及其思想發展

雅斯培於一八八三年二月二十三日，誕生在德國北部布來梅港 (Bremen) 西方，距離大約二十五英里的奧登堡 (Oldenburg) 小鎮上。先世務農及經商，他的父親早年執業律師，後來擔任地方上的高級警官，退休之後轉任為一家銀行經理。雅斯培的母親則出身農家，善良而賢慧，使雅斯培自幼卽享有良好之家庭教育與美滿和樂的成長環境。雅斯培在家中排行老大，下面各有一個弟弟和妹妹。他的父母非常注重子女的教育，他父親採用身教與言教並重的原則，並本著理性、負責、與誠信的態度來教養他。母親則充滿著慈愛、體諒與包容，使雅斯培和他的弟妹不僅有一個歡樂的童年，而且也養成了他自信與果斷的性格。

卽使在中學時代，雅斯培就已經表現出特立獨行的個性。他被當時的校長視為問題學生。原因是雅斯培一向拒絕服從他認為沒有道理的規定，他自幼開始，凡是他被要求去做的事情，他都會想要了解何以要做的理由，若是他認為不合理或無法理解，他父親大都尊重他的決定。他與中學校長的衝突起自於，雅斯培拒絕參加學校的「兄弟會」社團，他認為該社團審核成員加入的標準是基於他們家長的社會地位與職業，而非像他所想像的是根據

個人的友誼。由於這個事件，他被校長及同學孤立起來。幸好他父親對他極為支持與諒解，並且為彌補他在學校所受的委屈，不惜為他租下大片農場，供他在假日作為身心的休閒的去處。

高中畢業之後，進入了大學。雅斯培並非一開始便走上哲學的路子。雖然他很早就對哲學發生了興趣，而且十七歲時便開始閱讀斯比諾沙 (Spinoza) 的作品，但當時並無意要當一名專業的哲學家。他在大學最先唸了三個學期的法律，並有志於當一名律師；但是不久他就發現自己志趣不合，而轉行學醫。在醫學訓練中，他熟悉了科學的方法與實際的知識。就在他習醫的過程中，他仍保持著對哲學的興趣，雖然當時並無餘力與時間閱讀哲學著作，但是他卻從未中斷哲學思考的習慣（他始終相信哲學思維並非哲學家的專利）。他在這段期間裏，曾經旁聽過大學裏哲學的課程，但是沒有多久就自動中止了。他自述其原因是：「我對大學的哲學教授產生了反感，因為他們並不處理與生命真正相關的問題。他們給我的印象是自負，而且固執己見❶。」雅斯培心目中的哲學不但要與「存有」的根本經驗相關，而且也要為個人的內在行動或自我提升提供指引。可是當時的學院派哲學家關心的卻是如何使哲學成為一門精確的科學。換言之，他們想讓哲學也擁有科學般的精確性。雅斯培對此雖然感到失望，但是他在內心深處卻有一個秘密的願望，即未來有一天能在大學中教書，即使

---

❶ "Gegen die Philosophieprofessoren hatte ich eine Abneigung, weil sie mir persönlich anspruchsvoll and rechthaberisch erschienen." Karl Jaspers, *Philosophische Autobiographie*, S. 12.

不能教哲學，能教與哲學相近的心理學也行。

雅斯培後來不但實現了他教心理學的願望，而且也終究跨行到哲學系裏教哲學。當然，他這個目標的實現，固然一方面靠了一點機運，一方面也靠他自己相當漫長而不懈的努力。雅斯培在一九○九年獲得醫學博士之後，即獲聘擔任母校海德堡大學醫院的研究助理。一九一三年，該校哲學院（即相當我國文學院）有心理學教席出缺，雅斯培如願以償地獲得了這個職位。這個機緣是使他走向哲學的一個關鍵，而在經過數年的努力之後，終於在一九二一年升任該校哲學教授。

雖然前面提到雅斯培生長在一個幸福的家庭之中，可是他一生都處於憂患之中，原因是他自幼即患有先天性的心臟病──正確名稱是「支氣管擴張及心臟代償機能衰弱症」(bronchiectasis with cardiac decompensation)，隨時都感受到死亡的威脅。由於這個病痛，使他無法具有一般人一樣的體力，也無法享受一般年輕人的歡樂。他無法參加同學一起登山郊遊的活動，騎馬、游泳、或跳舞對他也成了奢侈的夢想。但也正因為如此，他免服兵役，在戰時免於被徵召。他因而引用了中國成語：「柔弱生之徒」，來說明他自己因禍得福的情況。的確，由於這先天的病症，使他對於身體健康的維護，比平常人要更加小心注意。他生活起居都非常規律定時，因而後來也比一般正常人的身體狀況更佳。雅斯培之所以能活到八十六歲的高齡，多少和他保持良好而規律的生活習慣有關。另外，由於他身體的狀況使他不能像一般人一樣長時間不間斷地工作，他必須作作停停，因此他必須學會善用時間，經常保持身體的最佳狀況，求取最好的工作效

率❷。

　　雅斯培的病痛對他還有更深一層的意義，那就是從年輕的時候起，死亡的陰影就一直籠罩著他，使他親身體會「界限處境」的經驗，他曾經爲此而暗自飲泣，但卻也因此激發他作深刻的哲學思考與反省，尋求人存在的終極意義與解答。

　　除了身體方面的病痛外，雅斯培生命中第二項考驗是來自他在哲學系教授同事的排擠。雅斯培以一個醫學博士的背景，雖然被聘爲哲學系的教授，可是他並非哲學專業出身，從來沒有受過正規的哲學訓練。他在哲學上的造詣與成就，完全是靠他自我進修與努力得來。雅斯培在教授心理學的期間，就因出版《宇宙觀的心理學》一書而成名。後來跨行進入哲學領域，不少哲學系同仁並不以爲然。當時海德堡大學的哲學系主任黎克特 (Heinrich Rickert) 與雅斯培之間，就隨時處於緊張的關係中。黎克特在哲學上所持的立場，特別是企圖將哲學科學化，認爲科學化之後的哲學將具有普遍而令人信服的確實性，這是雅斯培所無法接受的。在雅斯培看來，哲學和科學根本是不同的兩碼事，並不能加以混同。哲學雖然不若科學那般精確，但仍擁有自己所關注的領域以及不同於科學的思考方法。另一方面，科學也絕非萬能，大家應當認知科學是有其限制的。雅斯培此時雖然在哲學系教書，

---

❷　當雅斯培二十歲了解到他自己的疾病之後，他爲自己的精神生活定下了下列基本規則：1)非常有規律地生活，晚上十點上床，早上七點至八點起身。定時吃飯，飯後小臥片刻，但不入睡。2)仔細而有意識地按部就班進行精神工作。3)小心對待身體一切的不適。4)如果人們要求我作一些與自己生活秩序相悖的事情，必須盡可能毫不膽怯地嚴詞拒絕。參閱 Hans Saner, *Karl Jaspers*, 張繼武、倪梁康譯，《雅斯貝爾斯》，北京，三聯，1988，p. 187。

但他對所謂學院派的印象，仍然停留在從前當學生時一樣。他這樣說：「在我看來，學院派的哲學並不算是真正的哲學，儘管它宣稱自己是一門科學，它所討論的東西似乎根本與我們存在的基本問題無關❸。」雅斯培雖然原本不是哲學家，但卻意識到他自己所肩負的使命，即直接回到過去偉大哲學家的思想中，汲取根源性的智慧，並鼓勵青年學生去追求真正的哲學。

　　雅斯培生命中第三次衝擊與考驗來自納粹政權的迫害，不但剝奪了他在大學教書的職務，而且幾乎要送掉性命。雅斯培之所以遭受納粹迫害，除了他思想上堅不妥協的個性外，最主要的理由是因他的妻子是猶太人。在納粹統治的十二年間，他不時受到秘密警察的監視與送到死亡集中營的威脅。雖然在那段被迫中止教書的日子裏，但是雅斯培始終沒有停止他閱讀、研究與寫作的習慣。雅斯培之所以能安然度過那一段生命中最危險而暗淡的時光，一方面固然要歸諸幸運之神的眷顧，一方面也是由於雅斯培仿效斯比諾沙（Spinoza）哲學的謹言慎行，且在心理上做好了準備，早將生死置之度外，根本沒有任何逃亡的打算或念頭。二次大戰期間，在納粹佔領區內，幾乎很少有任何猶太人或與他們有牽連者能平安逃過納粹魔掌的。而事實上，就在大戰結束之前，雅斯培夫婦已經上了納粹的黑名單，即將被送到死亡集中營去，幸虧就在此時盟軍攻佔了海德堡，他們夫婦就此逃過一劫，真可以說是吉人天相了。

---

❸ "Die Professorenphilosphie war, wie mir schien, keine eigentliche Philosophie, sondern mit dem Anspruch, Wissenschaft zu sein, durchweg ein Erörtern von Dingen, die für die Grundfragen unseres Daseins nicht wesentlich sind." *Philosophische Autobiographie*, S. 40.

　　雅斯培一生當中經歷這麼多的憂患，卻能在他的哲學追求上一直保持著樂觀進取，以及不偏不倚的中庸態度，除了他自己的努力尋求突破外，主要得歸功於他父母開明而理性的教導、妻子的全心配合與照顧，以及幾位摯友的鼓勵與幫助。雅斯培的父母不但從他幼年起就給了他充分的關愛與照顧，而且也給了他極為健全的啟蒙教育。雅斯培在一九一〇年與他醫學院的同窗好友恩斯特・瑪葉 (Ernst Mayer) 的妹妹葛露德 (Gertrud) 由相識、相戀而結婚。葛露德是一位賢淑而有內涵的女性，雅斯培自認原本性格上的弱點，如孤僻、憂鬱、靦腆的毛病，經過他這位賢內助的幫助，已經一掃而空。他們不但情投意合，而且在思想上、生命上也都能彼此分享融合。尤其是葛露德在古典語文，如拉丁文、希臘文上的造詣都很不錯，對哲學也有相當的興趣與素養，對雅斯培而言，她不但是他學術研究上的得力助手，更是生命中不可缺少的伴侶。雅斯培在他的哲學中非常強調人際之間的「溝通」(Kommunikation)，而他從他和妻子之間的相互關係上，獲得了最真實的溝通經驗。雅斯培認為，人所體悟到的一切真理，都必須在與他人溝通後，才有充分成立的基礎。雅斯培經常引用的一句話：「真理從兩個人開始」(Die Wahrheit beginnt zu zweien) ❹，不僅是一種客觀的敘述，更是他個人親身的體驗。

　　葛露德的哥哥恩斯特也是雅斯培生命中非常重要的人物。恩斯特不僅是雅斯培在醫學院的同學和摯友，而且對哲學也有同樣的愛好，這是促使他們倆人的友誼長久維持的主要原因。雅斯培一生中較重要的著作與哲學思想，幾乎都先與恩斯特討論過，特

---

❹ Karl Jaspers, *Einführung in die Philosophie*, München: R. Piper, 1971, S. 95.

別是雅斯培個人最鍾愛、也最重視的一部書《哲學》❺，其全部草稿都曾經過恩斯特過目，並因他提出的意見而修定。雅斯培後來在其自傳中提及，若沒有恩斯特熱心且不計較一切的幫忙與直接參與，這一部共包括三卷的書，「將不會以現在的面貌出現❻。」

　　雅斯培一生孜孜不倦於讀書、研究、教學與寫作，他努力的目標是，盡一切可能使世界往理性的路上走，同時透過他的著作與發表，希望能激發讀者潛伏的「存在」，鼓勵每個人能反省自己為何而活，為何而努力。人應當了解自己的處境，而人的本質就在於自己是否重視自身一切大小的抉擇。人必須尋求自己的超越，唯有人全心投靠超越界，才能體會到永恆的意義❼。對雅斯培來說，哲學與他的生命已融為一體。

第二節　影響雅斯培思想的幾位重要哲學家

　　正如同親密的人際交往有助於雅斯培塑造他的哲學思想，過去的偉大哲學家也同樣鼓舞了雅斯培追求智慧及溝通的熱忱。對雅斯培而言，哲學史最好以一種親身投入的方式來把握或研究，一方面固然要深入哲學原典，另一方面也必須進入大哲學家的精

---

❺ Karl Jaspers, *Philosophie I*, Berlin: Springer-Verlag, 1973, Nachwort (1955) S. XV. "Die Philosophie... ist mir das liebste meiner Bücher."

❻ "Ohne ihn wäre dieses Werk nicht so geworden, wie es ist." *Philosophische Autobiographie*, S. 50-51.

❼ *Ibid.*, pp. 93-94.

神氛圍內。一個哲學研究者必須超越時空的限制，使過去的偉大哲學家成為自己思想上的同伴，可以與他們進行親密而直接的溝通，如此哲學史的眞正本質才會被理解成獨特而不可替換的。

影響雅斯培哲學思想形成的過去大哲學家共有：柏拉圖、柏羅丁 (Plotinus)、奧古斯丁 (Augustine)、斯比諾沙，以及黑格爾等人，但是都沒有康德 (Kant)、齊克果 (Kierkegaard) 和尼采 (Nietzsche) 三人的影響來得直接而重大。本節將以後三者對雅斯培思想的塑造形成作為主題，來逐一探討。

一、康德的影響

康德對於雅斯培思想的影響，幾乎到達如影隨形的地步，這也可從雅斯培本身的著作中看出。哲學史家科普斯敦甚至把雅斯培描述成一位 康德學派的學者 ❽。 雅斯培自己 甚至曾經這麼說過：「我認為我自己是一位基督徒，我是教會的一分子，而且身為一位新教教徒，我享有肯定自己信仰的自由，根據這個信仰我認為我的生活受到聖經及康德的指引，不用其他中間調人，可與超越界維持關係❾。」雅斯培把康德與聖經同排並列為他所賴以生活的信仰依據，可見康德在他的心目中有多麼重的份量了。

---

❽ Frederick Copleston, *Contemporary Philosophy*, London: Search Press, 1973, p. 156.

❾ "I consider myself a Protestant, I am a church member, and as a Protestant I enjoy the freedom to ascertain my faith, the faith on the basis of which I like to think I live, without mediators, in direct relation to Transcendence, guided by the Bible and Kant." See Karl Jaspers and Rudolf Bultmann, *Myth and Christianity*, New York: The Noonday Press, 1958, p. 78.

我們可以從幾方面來看康德對雅斯培的影響。首先，從認識論的立場來說，雅斯培承襲了康德「物自身」(das Ding-ansich) 不可知的觀點，且認爲「凡是可以作爲我們的對象而爲我們所認知的事物，在某種意義下，都只是表相，而非存有的本身❿。」在康德看來，存有物受制於主客之分，並受到時空等感官形式，以及範疇的思想形式所限制，他只能是現象的存在。一切存有物在這些形式中爲我們認知的都必須成爲對象。不過這些對象爲我們認識的，只是現象，而且當我們認識他們時，才爲我們存在，而不是在己之存在。對於「存有本身」，無論我們是否察覺或思想到它，它都不能是面對我們的對象，也不能是主體。雅斯培不但接受康德上述的基本看法，而且宣稱「康德的偉大學說，乃是哲學照明的一項要素⓫。」

其次，就形上學方面，康德的三大形上理念，卽靈魂、世界和上帝，並非清晰而明白的觀念，也不是可驗證或理性上可證明的。但在科學上和日常生活上，這三大理念都是無法避免的，它們不但有助於組織並詮釋科學的研究工作，也爲我們的道德生活提供了必要的基礎。這三項康德極爲重視的理念，雅斯培承繼過來變成他那永恆哲學的三個主要領域：「存在照明」(Existenz-erhellung)、「世界定向」(Weltorientierung)、及「形上學」

---

❿ "Whatever becomes object to and knowable by us is in some sense appearance, not Being itself." Karl Jaspers, "Reply ro My Critics", in Paul A. Schilpp ed., *The Philosophy of Karl Jaspers*, p. 799.

⓫ "The great doctrine of Kant,... became an element of philosophical elucidation." Karl Jaspers, *The Perennial Scope of Philosophy*, trans. by Ralph Manheim, London: Routledge & Kegan Paul, 1950, p. 14.

(Metaphysik)⑫。從下面的圖表 2-1，我們可以較清楚看出康德的三大理念與雅斯培存在哲學間的關係⑬：

康德的三大形上理念與雅斯培存在哲學的任務

康			德	雅 斯 培
理論的對象	實 踐 的 對 象	涉 及 的 領 域	支 持 的 論 證	存在哲學 的 設 計
1.靈魂	不 朽	心 理 學	謬誤推論	存在照明
2.世界	自 由	宇 宙 論	二律背反	世界定向
3.整體系統	上 帝	神 學	有 神 的 假 設	形 上 學

圖表 2-1

對康德而言，人的純粹理性根本無法達到「物自身」(Ding an sich)，而且也無法把握由純粹理性所產生出來的三大理念：靈魂、世界和上帝。純理性無法解決認知上的問題，只有訴諸實踐理性的要求，要求的內容有三：自由、上帝實有、靈魂不滅。這些要求乃是倫理道德的最終基礎。

雅斯培「存在哲學」的設計，很顯然是受到了康德這三大理念的影響。雅斯培以「世界定向」作爲哲學的首要工作。他認爲

---

⑫ 這三大理念所轉變的三大領域也分別成爲雅斯培《哲學》一書三卷的主題。

⑬ Cf. Charles F. Wallraff, *Karl Jaspers—An Introduction to His Philosophy*, New Jersey: Princeton University Press, 1970, p.95.

科學與哲學都可以幫助我們突破經驗的變動而去掌握有意義的世界。科學不斷要去求知、要擴大知識的領域，而哲學卻要指出知識的限制。基本上，二者不必有衝突。但科學容易產生一種危險的傾向，就是造就一種科學的迷信，使人誤認爲科學可以認知整個世界，而科學知識就是對世界的終極知識。雅斯培的「世界定向」不僅要讓人了解自身在世界的地位，並適當調整自己與環境的關係，而且還要尋求一種「哲學的世界定向」，要詳細指明由於科學知識的限制，我們永遠無法建立一個自給自足的世界。另外，還要指出一條不必依賴科學的眞理之途，「我們在哲學的世界定向中所追求的，就是對這些限制的察知❹。」

有關「存在的照明」，雅斯培從一開始便作了下列的解釋：「如果『世界』一詞是指認知的定向活動以普遍而必然的眞確知識形式所顯示的一切事物，便會有下列的問題產生：世界的存有是否是一切的存有？認知的思考是否只停留在世界定向的範圍之內？靈魂與上帝——如果以哲學的語言取代神話的語言，則稱爲「存在」與「超越界」——是不屬於這個世界的。二者皆無法想像世上事物一樣被認知。雖然不可知，但又不必是虛無；雖然無法認知，但是仍然可以思議❺。」

我們顯然可以從這段文字中看出康德思想的影子——靈魂與上帝是無法以理性方式來認知的。當然，雅斯培所謂的「存在」及「超越界」並不完全等同於康德所說的「靈魂」與「上帝」，但二者之間卻有相當的關聯。雅斯培的「存在」實際上就是指個

---

❹ "In philosophischer Weltorientierung wird ein Bewußtsein dieser Grenzen gesucht." *Philosophie I*, S. 88.

❺ *Philosophie II*, S. 1.

人真正的自我，他不是對象，也永遠不能成為對象，因而無法以任何科學的方法來研究或掌握。而雅斯培的「超越界」，從形式來看，就是「存有本身」；從實質來看，超越界就是上帝。無論存有本身或上帝也都不是我們思想或認知的對象。對於「存在」的掌握，雅斯培認為要透過哲學照明的方式，對於上帝的實有，雅斯培提出了「哲學的信仰」(Philosophische Glaube)⑯，這使我們很容易聯想到康德解決三大形上理念的方式：在純粹理性能力範圍內無法解決的問題，將之轉移到實踐理性內來處理。

另外，雅斯培認為，任何時代的哲學都關心人生最基本的問題，這些問題的提出，固然會因各個時代的歷史處境而有不同，但是在內容上卻是大同小異的。因此古人所提的一些問題，雖然表達方式或許與今天不一樣，但仍舊會是我們所面對的問題。雅斯培把康德所提的四大問題同樣當作他自己的問題：一、我能知道什麼？二、我該做些什麼？三、我可以希望什麼？四、人是什麼？雅斯培說：「今天這些問題已經變換了方式來向我們重新提出，因此在其根源處也以嶄新的方式為我們所理解⑰。」問題的形式之所以要改變，乃因為我們生活於其中的時代有了改變。換言之，不但我們現在提出的問題要切合當前的處境，而且我們對問題的解答也應該針對我們的時代來作因應。在重新提出康德的基本問題之後，雅斯培接著又提出五個相關的問題，即科學、溝

---

⑯ *The Perennial Scope of Philosophy*, p. 34. 雅斯培提到，哲學信仰的內容有與「存在」之間的變化無常存有物。另請參閱 *Einführung*, S. 66.

⑰ Walter Kaufmann, *Existentialism From Dostoevsky to Sartre*, Cleveland: Meridian Book, 1962, p. 139.

通、眞理、人，以及超越界的問題⑱。

　　雅斯培的思想與康德之間的關係，從以上的介紹可以說是極爲密切，然而在此我們限於篇幅不擬進一步探討。雅斯培固然受到康德哲學極大影響，但是他也深深了解後者的限制⑲，也就是理性本身的限制——卽理性無法重建形上學，也無法達到存有本身。這迫使雅斯培不得不另闢蹊徑，去從尼采和齊克果兩人身上去汲取靈感和思想的動力，這也就是「雙翼學說」中的另一翼——「存在」(Existenz)。

二、齊克果與尼采

　　理性並不能涵蓋人的全部精神層面，而人的整個心智官能也不僅限於理性。因此，「理性沒有它另外一面——非理性 (non-rationality)，是無法思議的，而且如若沒有後者，實際上也不會有理性的出現⑳。」康德的哲學有一項最根本的弱點，那就是他把他整個的哲學嘗試建立在理性思考的基礎上。他想以他的理性思考涵蓋人類全部的知識，不但包括邏輯與科學思考所得的知識，也包括屬於形而上學範圍的知識。換言之，他過分信賴理性的結果，必然造成他忽視理性以外的「非理性」心智能力。

---

⑱ *Ibid.*, p. 142.

⑲ Karl Jaspers, *The Great Philosophers*, vol. I, edited by Hannah Arendt, translated by Ralph Manheim, München: R. Piper, 1962, pp. 372-376.

⑳ "Das Vernünftige ist nicht denkbar ohne das Andere, das Nichtvernünftige; wie es auch in der Wirklichkeit nicht ohne das Andere vorkommt." Karl Jaspers, *Vernunft und Existenz*, München: R. Piper, 1973, S. 7.

這非理性的部分，雅斯培把它稱爲「存在」❷，而且這個嶄新精神層面上的開拓要歸功於齊克果（Soren Kierkegaard, 1813-1855）和尼采（Friedrich Nietzsche, 1844-1900）兩人。我們在此把他們兩人放在一起討論，乃是因爲他們有太多的共通性，儘管他們兩人的思想仍有很大的個別性差異。他們兩人不僅對雅斯培的哲學有直接的影響，而且也改變了當代哲學的現狀。

齊克果與尼采兩人在思想上的第一項共同點是——對現代人所面臨處境的意識。這兩位在十九世紀飽受人忽視的哲學家，雖然在孤獨和憂懼中度過一生，他們的思想卻走在時代的最前端，在無其他人察覺到之前，已經事先預見了時代的劇變和即將面臨的精神困境。雅斯培曾在他《當代的精神處境》一書中探討了時代意識的起源和目前處境的起源❷，他指出，齊克果和尼采兩人乃是對時代有清楚意識的先驅：

> 齊克果是第一位對他的時代展開全面批判的，這種批判與在他之前所有的批判嘗試不同之處，是他本著眞誠來進行的。他的批判仍可適用於今天的時代，並且今日念起來就彷彿是昨日剛寫的。他讓人面對虛無。尼采的作品晚於齊

---

❷ 雅斯培所使用的「存在」Existenz 一詞，與傳統形上學的「存在」（existence）一詞大不相同，而且此一概念在雅斯培的哲學中扮演極重要的角色，因此爲避免混淆，本書當中盡量採用「存在」一詞來作爲雅斯培之 Existenz 一字的中文翻譯，而傳統的 existence 一字，則用「存」或「在」這樣的單字來表示。

❷ Karl Jaspers, *Man in the Modern Age*, trans. by Eden and Cedar Paul, New York: Doubleday, Anchor Books edition, 1957, pp. 4-23. 該書業經筆者逐譯爲中文，參閱拙譯《當代的精神處境》，臺北，聯經，民74年。pp. 8-19.

克果數十年，對於他的先驅齊克果的作品並不熟悉。他注
意到歐洲虛無主義的出現，無情地診斷了它的病徵。對當
時的人來說，這兩位哲學家只不過是社會的畸零人——沒
有人在意的煽情主義先知。事實上，他們覺察到當時早已
發生，而尚未引起一般大眾不安的因素，他們具有如此先
知先覺的眼光，因而直到我們這個時代，才被人喝彩，被
公認為探討當代現實問題的哲學家。㉓

　　雅斯培很明顯地承襲了齊克果與尼采兩個人對時代處境的關
心，而且也大聲疾呼，人們應該對自身所面臨的精神世界危機及
其嚴重性，加以反思，共同來關心人類的命運，並為他未來的發
展尋求方向。雅斯培認為，對自身處境的覺察與反思，正好也是
哲學探討的出發點㉔。哲學或哲學問題是不能與我們自身所處的
時代和環境脫節的。

　　齊克果與尼采二人在思想上的第二個共同點是——對理性的
懷疑。這可說是他們對康德、黑格爾一脈傳承下來的唯理哲學，
所產生的反動以及根本的揚棄。二人都從「存在」的深處去質詢
「理性」。他們如此徹底而偏激地反對純理性的立場，這是前所
未有的事。他們對理性的質疑，並不只是對理性的敵視，二人都
想打破一切理性模式加諸他們的限制。然而，他們的哲學並非全
憑感受，因為他們都不斷尋求概念來表達他們自己。他們也決非
獨斷的懷疑論者，因為他們整個思想的目標還是要努力追尋真正
的真理。他們以真誠的哲學探求精神，並以一種非凡的方式，深

㉓　同前引書之中譯本，p. 8.
㉔　*Philosophie I*, S. 1-4.

入整個生命。他們帶給人們的不是一些學說，也不是任何基本立場，更不是某種宇宙觀，而是一種爲全人類來說嶄新的態度。這種態度透過一種「無止境的反思」(unendliche Reflexion)，意識到自我無法靠自身的力量去達到任何真實的根基㉕。

他們兩人因爲反理性的結果，也反系統。在他們看來，系統偏離了實在，根本是騙人的玩意兒。系統是固定的、封閉的，而可經驗到的事實 (Dasein) 與此卻正好相反。建立系統的哲學家就彷彿蓋了一座華麗的城堡，自己不住在裏面，卻住在旁邊的茅草屋內。這種人並不依自己的思想去生活，思想與行爲不一致的結果，便會誤入歧途。

在對待理性的態度上，雅斯培並沒有全然遵循齊克果和尼采的路子。其實過分強調理性或是過度懷疑理性，都是兩種極端，雅斯培比較能够以心平氣和的冷靜態度，去尋求一種中庸之道，那也就是在「理性」與「存在」之間，去尋求一種平衡的關係㉖。

齊克果與尼采兩人第三項共同點是──他們都從個人的存在出發，去作躍向超越的嘗試和無休止的追求。他們兩人都體驗到了時代的苦惱，但他們的態度並不消極，而是奮不顧身地躍去追求別人半途而廢的目標。他們以一種無止境的反省和追根究柢的衝動，去追求超越。「無止境的反思」有兩種可能：它可能陷入虛無，導致完全的毀滅；它也可能變成真實「存在」的條件。反思是一種思考方式，它爲可能來臨的挫敗預作準備，卻無法防止挫敗。對他們兩人，反思顯然就是自我的反省。而通往真理之路

㉕ Cf. *Vernunft und Existenz*, S. 12.
㉖ *Ibid.*, S. 33-34.

就只有透過反省和自我的了解。但自我反省也很可能使人面對虛無，正如齊克果所說的：「一個想著自身不幸遭遇的病患，可以體驗到一切事物在自己面前消失的恐懼㉗。」對自我無止境的追求以及在一切事上，似乎都具有這種相對的可能性。雖然二人都有如此的了解，但他們仍抱著一股追根究柢的衝動，從反省中邁向存有的根基。這個根基也是人類可相互溝通的根源，他們兩人都以無比的熱愛去追求這個根源。他們的反省不像一般現代人的反省，一旦遇到重大的需求和利害限制便會裹足不前，他們所追求的是一條不達超越便不終止的路子。他們的反省是毫無止境的，他們面對的則是一種「全部或是虛無」（alles oder nichts）的抉擇。兩個人年輕時都曾在作品中談到那一位尚未認知的上帝。齊克果在二十二歲時寫道：「雖然我根本不了解我自己，我對那位未為我認知的上帝就充滿了敬畏。」尼采在二十歲時也作了一首不朽的詩，題名為〈給未為我所認知的上帝〉（Dem unbekannten Gott）㉘：

> 讓我認識你，未為我認知者，
> 你如此深沉地盤據著我的心，

㉗ "Alles vor einem Krankhaften Grübeln über die eigene jämmerliche Geschichte verschwindet!" *Vernunft und Existenz*, S. 19.

㉘ *Ibid.*, S. 21. 茲將該詩之原文引錄如下：
Ich will dich kennen, Unbekannter,
Du tief in meine Seele Greifender,
Mein Leben wie ein Sturm Durchschweifender,
Du Unfaßbarer, mir Verwandter!
Ich will dich kennen, selbst dir dienen.

> 有如狂飆在我的生命中掃蕩，
>
> 讓我無法思議，卻與我有親，
>
> 讓我認識你，並親自侍奉你。

他們兩人都躍向超越的境界，躍向那實際上無人能仿效的超越形式。齊克果躍向基督信仰——這在他看來是一種荒謬的弔詭 (absurde Paradoxie)，是根本捨棄世界並作一名殉道者的抉擇，尼采則躍向「永恒的回歸」(ewigen Wiederkehr) 以及「超人」(Übermensch)❷❾。

齊克果與尼采所走的一條從「存在」到「超越」的路子，並不是一條成功的路子，然而他們二人都不惜以自己全部生命作賭注，去從事一項別人從未做過的實驗。當然，這個實驗或許失敗了，但不影響後人朝著他們所指引的方向繼續做嘗試。他們兩人對「存在」層面所發展出來的豐富而又具深度的含義，對雅斯培發展出他自己的「存在哲學」和超越的追求，有很大的貢獻。

第三節　雅斯培與海德格

雅斯培與海德格都可稱得上是二十世紀德國最具代表性的大師級哲學家。他們兩位不僅是公認的當代最具影響力的存在哲學家，而且對當代哲學的發展方向與實質內容，他們也都作出了同樣不可磨滅的貢獻。兩位哲學家一開始曾經由於惺惺相惜，而結

---

❷❾ *Ibid.*, S. 21.

爲好友，過從相當密切；後來卻因爲納粹當權，兩人政治立場不同而絕裂，最後終至於分道揚鑣。有關兩位哲學家之間詳細交往的情形，我們最主要的參考資料便是雅斯培的《哲學自傳》一書的第十章❸。

雅斯培生於一八八三年，而海德格則生於一八八九年，雅斯培稍長海德格六歲❸。由於年齡稍長，雅斯培在學術界的名望建立的也較早。當雅斯培在第一次世界大戰結束之後，第一次聽到海德格的名字時，海德格只是一位剛出道的大學講師，而雅斯培在出版了《普通精神病理學》以及《宇宙觀的心理學》兩書之

---

❸ Karl Jaspers, *Philosophische Autobiographie*, erweiterte Neuausgabe, München: R. Piper & Co. Verlag, 1977. 英文版的雅斯培《哲學自傳》是收錄在施爾普 (Paul Arthur Schilpp) 所編輯的 *The Philosophy of Karl Jaspers* 一書內，由 New York: Tudor 所出版。該書本是雅斯培受施爾普教授之邀而寫。雅斯培在1953年完成了全部的書稿，施爾普於當年九月十八日親赴瑞士巴塞爾，與雅斯培會晤，並預定取回書稿交出版商發行。當天施爾普曾經過目全部完整的書稿，可是第二天上午雅斯培突然改變心意，要將其中談及海德格的那一章，暫時抽出，並表明不擬在海德格仍然在世時發表的態度。雅斯培這樣做，一方面固然是想避免引起他和海德格之間的更進一步的爭議與誤解，另一方面似乎也表現出他做人的厚道，不願給仍在世時人格就倍受爭議的海德格帶來更多的困擾。1957 年出版的英文版自傳，便是已經抽掉其中有關海德格那一章的不完整書稿。雅斯培於 1969 年去世，而海德格則逝於 1976 年。次年，也就是 1977 年，雅斯培的遺作權益代理人沙納 (Hans Saner) 博士遵照雅斯培的遺言囑託，著手編排並整理發行完整的德文版《哲學自傳》，雅斯培與海德格之間交往的種種細節和經過情形，由於這一篇忠實的記錄，眞相乃大白於世。

❸ 但是雅斯培自己卻說長海德格七歲，很可能是他推算錯誤。參見 *Philosophische Autobiographie*, S. 92. 該自傳的第十章，也就是談及海德格的那一章，曾由筆者逐譯爲中文，並發表於《哲學與文化》月刊第十六卷第一期，民國七十八年一月，譯文標題爲〈海德格與我〉。

後，早已成爲知名人物。但是海德格鋒芒外露的才華，畢竟無法掩蓋，雅斯培因而能在當時德國眾多哲學家之中，慧眼識英雄，一眼就看出這位青年哲學家具有不平凡的思想原創力與在學術界展露頭角的潛力。

雅斯培與海德格兩人初次見面並建立友誼是在一九二〇年，當時的場合是現象學大師哲學家胡塞爾的生日慶祝會，雅斯培偕同其夫人共赴弗萊堡(Freiburg)胡塞爾家中祝壽，會中認識了胡塞爾的得意弟子年輕的海德格。初次見面，海德格就留給雅斯培非常深刻的印象。據雅斯培自己的敍述：「這位年輕人對哲學的熱愛深深地打動了我。他矢志跟隨哲學的召喚，表現出極大的決心，就如那些面臨未來生涯而甘心奉獻、義無反顧的抉擇者。在當時的哲學圈中，海德格是唯一在我心目中佔有舉足輕重分量的哲學家❸。」

雅斯培由於身體的狀況不佳，不宜常作旅行，因此他與海德格之間的交往都是由後者採取主動。年紀較輕的海德格任教於弗萊堡大學，卻經常專程前往海德堡去探視雅斯培。他們之間的交往始終保持在思想上的交流，而且一直是理性的成分大於感性及心靈的交融，雅斯培敏銳的心靈觀察力一開始就直覺到這種不完美的交往，心中也多少有些遺憾。

話雖如此，雅斯培還是很珍惜海德格的這份友誼。尤其是在處處受到有意排擠他的哲學系同事間，海德格在此時及時伸出友誼的手，對於顯得孤立的雅斯培，也就彌足珍貴了。海德格總算是雅斯培在哲學圈當中交到的第一位可以眞正相互討論哲學問題

---

❸ *Ibid*., S. 92.

的知己。他們有某些共通的觀點與關懷，譬如兩人都反對傳統學院派從事哲學研究的方式，也分享哲學界必須徹底革新的信念。當然，需要革新的並不一定是哲學本身，但大學裏所教授的那套哲學的整體形象卻一定要改變。兩個人還有一個共同點是，都崇拜齊克果，而且同樣對存在與虛無的問題感到關心。從很多方面說來，海德格對雅斯培都可稱得上是一位益友，雅斯培從對方身上獲得了相當多的啓發。其中包括了胡塞爾學派的現象學方法，以及天主教的思想傳統。另外他也受到海德格的影響而開始注意並閱讀奧古斯丁、多瑪斯、以及路德等人的著作。

　　雅斯培與海德格二人在性格上畢竟存有極大的差異，而且在學術上智性的交流也不是相互平等的，這也造成二人日後逐漸疏遠的原因。雅斯培也承認自己在與海德格的交往上，所投注的心力不够是一項錯誤。大體上說來，海德格相當用心地研讀雅斯培的著作，尤其對雅斯培的《宇宙觀的心理學》一書，海德格更在細心閱讀之後寫了一篇評論，送給雅斯培過目。可是因爲當時的種種原因，雅斯培卻沒有作出如海德格預期的那種熱烈的反應，而且表現出來的態度出奇的冷淡，這不免讓二人友誼的繼續發展蒙上了陰影[33]。

　　海德格在一九二七年出版了讓哲學界矚目的《存有與時間》(Sein und Zeit) 一書，海德格對於自己的心血結晶自然期許很高，也寄望雅斯培對等的批評與回應。可是由於雅斯培的思考方式與心態根本與海德格不同，竟然該書「看了一半，就看不下去了」[34]。雅斯培並坦白表示自己不想多費腦筋在這本書上，因爲

---

[33] *Ibid.*, S. 95.
[34] *Ibid.*, S. 98.

他從中並得不到任何啓發。海德格對雅斯培這第二度的冷淡反應感到異常的失望，雅斯培也意識到了，可是他也無能爲力挽救他們之間相當脆弱的友誼，只有讓這份友誼日漸疏遠下去。

其實從一九二三年開始，雅斯培與海德格之間的友誼就起了變化。海德格不斷公開地批評雅斯培，傳聞屢次傳到雅斯培的耳裏，他便趁二人見面時，向海德格求證傳聞的眞實性。可是每次海德格都若無其事地否認他說過任何類似的話語。兩人的友誼便在這樣有契合，也有隔閡的若卽若離情況中持續下去。這種情況到了一九三三年開始有了徹底的改變，當年三月國社黨（納粹）靠選舉掠取了德國的政權，海德格也在當月底對雅斯培作最後一次的私下造訪，海德格在比平常爲短的停留中表明了支持納粹的態度，雅斯培相當詫異，但是並沒有進一步追問海德格眞正的政治立場。同年五月，海德格加入了國社黨，並被納粹政權任命爲弗萊堡大學校長。他以大學校長身份應邀到海德堡大學爲全校師生演講，內容卻是以納粹的思想來全面改革大學，並且對德國當時大學的狀況，包括教授的高薪待遇，展開了無情的抨擊。他的演講贏得了在場大學生與少數教授熱烈的掌聲與喝彩，但是雅斯培並不爲所動，心中雖然悵然若失，但卻不失平靜地坐著。

演講之後，海德格與海德堡大學的教授們共進晚餐。席間海德格又大放厥辭，並聲稱沒有必要養那麼多的哲學家，整個德國只要有兩、三個哲學家就够了。「那麼，那兩、三個人應該是誰呢？」雅斯培問道。海德格卻避而不答。「像希特勒那樣一個不學無術的人怎能讓他來統治德國呢？」海德格回答說：「受教育

與否並不要緊，重要的是應該耐心等著瞧他偉大的功業㉟。」此時雅斯培的眼中，海德格幾乎變成了另一個人，一個擁護希特勒的納粹狂熱份子，他不再是從前那個可以相互交心、款款而談的朋友，也不再是一個具有純潔理想抱負與熱忱的哲學家，他變得如此陌生、如此狂妄自大、如此現實可怕，而且竟然成爲納粹如此邪惡勢力的工具。雅斯培心中非常失望，也充滿痛苦，他與海德格之間已經沒有共通點，他們之間的友誼關係到此時已經正式絕裂。

雅斯培引以爲憾的是，在此之前從未探問過海德格的政治觀點，不然的話，或許可以事先提出忠告。到這個時候，雅斯培認爲海德格是一個中毒已深的人，已經無可救藥了。這時候多說話恐怕海德格根本聽不進去，反而會招致納粹的注意，爲雅斯培本人帶來災禍，他不得不保持謹言愼行，就如斯比諾沙的哲學態度一樣。這時兩人的友誼不僅已經絕裂，海德格甚至成爲對雅斯培有生命威脅的敵人，不僅在政治立場上，而且在學術上都相互爲敵。

對雅斯培而言，一個人，尤其是個哲學家，思想與行動必須一致，言行必須相符。在他個人而言確實是這樣的，他一生的作爲從未違背他自己的哲學。可是他發現海德格卻不是這樣的，海德格似乎可以說的是一套，做的又是另一套。海德格儘管在哲學上的成就與名氣很大，他在人格上的瑕疵，卻是雅斯培始終無法理解，也無法諒解的。雅斯培是個特立獨行的哲學家，儘管他的智慧無法理解海德格的著作，他自己在哲學界的地位與被重視的

㉟ *Ibid.*, S. 101.

程度也比不上海德格，可是在人格上卻比海德格要完美、偉大，
這一點卻是毋庸置疑的❸。

第四節　雅斯培的思想梗概

　　前面我們已經提過，存在哲學家都有反系統的傾向，可是雅
斯培在從事他自己的哲學追求時，卻不免建構了他自己的思想系
統。當然，我們可以為他辯解說，他哲學追求的主要目的不是在
建構這樣的一套系統，而是要超越系統。從這個架構之下，我們
理解雅斯培的哲學追求有三重任務，其中第一項任務稱為「世界
定向」（Weltorientierung）。世界是已經在那兒的「經驗事物」
（Dasein），而自我則從世界生出。人透過科學與哲學的探討，將
自身變幻流轉的經驗轉化為對世界有意義的掌握。科學的探究提
供給我們對世界的知識，而哲學的思考卻讓我們分清了知識的限
度，二者之間卻沒有必要發生衝突。哲學家應該使用一切可用的
知識，並且也應該和科學家一樣秉持公正的探究精神，使自己構
作的理論不致陷於獨斷。哲學可以接受客觀科學研究的成果，即
使它本身並不是一種客觀的知識。

　　雅斯培的基本觀點若要簡單明確而又避免誤導地介紹出來，
首先必須從他對「理智」（Verstand）與「理性」（Vernunft）的

---

❸　有關海德格本人加入納粹的經過，以及他後來所遭受到的物議與批
　　評，甚至雅斯培說他的思想與行動脫節的評語是否公允，都可以參
　　考項退結著：《海德格》，臺北，東大圖書公司，民國78年，pp.
　　39-50.

區分，加以說明。

所謂的「理智」，是指使我們能够探究客觀世界並獲取現象界知識的能力。而「理性」則在超越思考上扮演重要的角色。如此看來，科學的研究是屬於理智的層面，哲學的追求則要運用理性。然而，二者之間經常發生混淆，因為「理性」不斷要突破「理性主義」的桎梏。理性要設法突破限制，它不能讓自身局限於任何一種「存有」的模式；它是形上學的「工具」，因為是它來質問：「為何是有，不是無？」「理性」也不甘於像「理智」局限於「內在性」(Immanenz) 之內，它企圖超越概念掌握範圍之外的事物。理性向一切公認的眞理挑戰，但它的動機不是虛無主義，而是要探尋眞理及價值眞正基礎的形上追求。然而，在找到「自我」與「眞正存有」的關係之前，人必須經過「空無」的過程——即看破一切有限事物和價值的幻滅無常及不可靠。因此，虛無主義在哲學思惟的過程中，能有一種暫時性的淨化功能。這種功能就在於指出，若是只以對象性認知來企圖構作一套完整的人生詮釋，是極度危險的。

雅斯培認為科學無法對實在界作全面的、統一的掌握，譬如對個人的全部對象性知識總和並不等於現存的他。即使一切現象知識可以構成一個單一、一致的體系，人也無法全部歸屬於這個體系之中。這並不是因為暫時的無知，可以在未來藉著方法的改進而消除；它根本是由於主體性的自由本質所致。自由便無法當作現象知識的對象來掌握，雖然自由的效果和讓自由發揮作用的生命體都可以藉科學方式來研究。

雅斯培強烈反對科學主義或自然主義所主張的：「世界就是

一切，而且是唯一和眞正的實在界❸。」這種主張絕對內在性，而否認有任何超越界的態度，雅斯培稱之爲「無信仰」(Unglaube)。這種無信仰其實就是一種迷信的態度。它對於客觀方法所及範圍之外的事物根本不予以理會，它在哲學眞正要解決問題之處叫停。它把人當作可以用科學方法來認知的經驗對象。事實上，人生存及自由的原始根基，是無法以世界內的認知運作方式來掌握的。如果自由受到忽視，所犯的錯並不只是理論上的而已，它在實際上造成的後果是相當具有威脅性的。科學主義的主張根本貶低了人性的尊嚴，把人視作一連串心理過程發展的結果，或把個人當作羣體——社會的和文化的——運作中一個統計的項目來看待。

雅斯培對自然主義謬誤的批判，當然是根據他對自我及自由的看法而來。他所謂的「存在」(Existenz)，與經驗事物是不一樣的，前者實際上與「自我」同義。雅斯培在認識論上是持反觀念論的實在論立場，認爲外在世界是實在的，而人則是世上其他事物相互關連的「可經驗事物」。在這「經驗事物」的基礎上，才有「存在」的可能。雅斯培的「自我」或「存在」並不等同於笛卡兒的「思惟主體」(res cogitans)，它包括了感情、意志、身體及潛意識，它是整體而獨特的個人。然而，自我並不只是客觀過程的聚合而已，自我也絕非生理和心理的動力而已。只有當人面對悲劇、痛苦和死亡等「界限處境」時，他才體會到「眞正的自我」是和抉擇及行動分不開的。

---

❸ Karl Jaspers, *The Perennial Scope of Philosophy*, translated by Ralph Manheim, London: Routledge & Kegan Paul, 1950, p.40.

「自我」無法經由普遍的概念去掌握，也無法透過一般的人性去了解。「自我」的根源是無法認知的，而且總是未完全實現的，因此也無法掌握完整的自我。雖然我無法藉著概念的認知來把握眞實的自我或「存在」，我卻可以照亮它。這就是雅斯培的第二項任務──「存在照明」（Existenzerhellung）。當然，別人的自我照明方法並不見得直接對我有效，但是透過雅斯培所謂的「存在溝通」──也就是主體與主體間眞實自我的溝通，一個人實現自我的嘗試可以激起另一個人的共鳴，如此可以激發各人作同樣的努力。

自由是自我的根本特徵。「我」並不是一連串因果關係的結果。對於生理和心理的過程，卽使我無法眞正脫離這些過程而生存，我至少能在思想上加以否定，並且說：「我不只是如此」。然而，自由究竟是什麼？它的基礎爲何？如果否定自由有任何基礎或根由，雅斯培便難免陷入和沙特同樣的立場。因此，雅斯培宣稱：「我在自由中如同禮物般贈送給自己❸。」我們可以忽略和逃避自由，但只要人仍爲人，便無法消滅自由。自由的基礎或根源是神秘而不可知的，這個神秘的根源僅能被我承認和接受，而不能爲我創造。

在雅斯培的哲學中，「自由」是「自我」的根源和目標，而且它伴隨每一個階段。雖然我從開始就擁有自由，但是我要不想失去它的話，我必須努力向它邁進。因此，自由的根本形式是有能力作自我的抉擇，這種抉擇是一種持續不斷的掙扎，而不是一次單一的抉擇。

---

❸ "Wir werden uns in unserer Freiheit geschenkt." Karl Jaspers, *Einführung in die Philosophie*, S. 51.

雅斯培認爲，一個人唯有藉著自我抉擇才能實現眞正的自我
（存在）。人不可能沒有道德規範而生存，但除非規範經過個人
的自由抉擇所認定，便不可能成爲眞實而有效的規範。我們對規
範的認定，並不是要打破心理的決定因素，而是藉著對這些因素
的體認與接受而達成的。那可認知的，可經驗層面的自我是受到
生理及心理過程的限定，但人有自由來承擔責任卻是個事實，雖
然這個責任的根由也是不可知的。人可能因爲病態的心理病症而
不由自主地喪失自由抉擇的能力，但自由也可能自願地爲人所捨
棄❸。雅斯培在此指的是一種由「邪惡意念」所造成的自由毀
滅。一個人可以因爲過度自私和充滿仇恨，而不由自主地受到這
種情緒的支配。這多半是因爲他消極地不敢面對他眞正的自我所
致。只有眞正人格健全的人才敢面對赤裸裸的自我。

在面對危機時，我們應該徹底開放自我，而不該逃避疑慮、
困惑及焦慮。當然，作這樣的抉擇隱含了冒險的成分：或是徹底
失敗、或是眞正地實現自我。若無法達到完全的眞誠，結果便會
陷入絕望。雅斯培在這裏提出了第三項哲學的任務——「超越」
（Transzendieren）的追求。因爲人是自由的，他可以超越單純的
「經驗事物」（Dasein）狀態，而且他的自由使他與「超越界」
或「超越者」（Transzendenz）發生關係❹。人愈得到眞正的自

---

❸ 請參閱 Erich Fromm, *Escape From Freedom*,《逃避自由》，
莫迺滇譯，臺北，志文出版社，新潮文庫，民國 60 年。

❹ 雅斯培使用 Transzendenz 這一個名詞，有時指稱較廣，因而可譯
爲「超越界」；但是在《哲學信仰》一書中，此一名詞則幾乎全是
指稱那超越的位格神或基督宗教的上帝，因此又可以譯爲「超越
者」。在下一章談「統攝者」的種種模式時，將更進一步詳加說
明。

由，愈會體會到應有一個上帝來作爲人生意義的基礎。當人眞正
實現自我時，他已經不再是他自己，他將與超越者（界）合而爲
一。然而，人和超越者（界）仍是有分別的。人是無法成爲神的
❹。雅斯培把他對上帝的信仰稱爲「哲學的信仰」，因爲他不願
將哲學與啟示的神學混同，在他看來，神學是把上帝當作對象來
認識，而且把神的旨意當成外在的規範；這種作法是與自由不相
容的。

　　人總是會對自己感到不滿，因此要突破自身的限制，尋求與
超越者的合一。然而，人與超越者的關係並不是一種自然賦予的
性質。只有透過個人自由的抉擇，躍向他眞實的自我，也就是一
種眞正不受世界限制的境界，在這種境界中，由於他與超越者結
合，他一方面向世界完全開放，一方面又可以超然於世界之上，
對雅斯培而言，超越只有在個人眞正實現自我時，才能實現。

　　雅斯培的三項哲學任務──「世界定向」、「存在照明」、
「超越的追求」──在思想的說明上雖有先後的順序，可是在實
際行動上，三者卻是一體實現而不分先後的。實現眞實的自我或
「存在」並把握那超越的「存有本身」──「超越界」，乃是雅
斯培哲學追求的終極目標。然而，這「存有本身」是什麼？「存
在」又是什麼？「存在」所置身於其中的「世界」又是什麼？他
們如何爲我們所認識？他們是否根本能爲我們的認識所把握？而
如果在我們的理性認識上根本無法來把握它們時，我們在哲學的
追求上又能作怎樣的努力？下一章我們將透過雅斯培對追尋「存
有根基知識」的努力，引進他的「統攝者」（das Umgreifende）

---

❹ "No Man can be God." See Karl Jaspers, *The Perennial Scope of Philosophy*, p.103.

概念，並藉「統攝者」各種模式的介紹，來說明他哲學思想中一些重要的術語和概念，以及這些基本概念彼此之間的關係。有這些基本的認識，我們才有可能進一步探討雅斯培的「超越」思想——這也是他存在哲學的核心思想。

第三章 「統攝者」概念與雅斯培的形上學

「統攝者」(das Umgreifende) 概念在雅斯培哲學中扮演一個非常重要的統合功能角色。此一概念的雛形早已隱藏在雅斯培一九三一年出版的《哲學》一書之中，只是未真正提出作一明確的術語。而在一九三五年出版的《理性與存在》書中，才首次發表使用此一詞彙並予以概要之說明。在一九三七年出版的《存在哲學》及一九四七年的《論真理》兩本書中，更進一步系統地發揮此一概念所隱含的思想●。由於「統攝者」概念在雅斯培哲學中具有居關鍵地位的性質，本章擬透過對此一概念的探討剖析，旁及到雅斯培思想中其他重要概念或術語，一併加以解說和釐清，以便進一步探討雅斯培超越概念時，能得到較明確的掌握。

第一節　形上的關懷與認知的難題

亞理斯多德曾在其《形上學》一書中指出：「『存有是什麼? 』這個問題不僅是過去、也是現在和未來，人們所不斷要尋

● 參閱 Paul Schilpp ed., *The Philosophy of Karl Jaspers*, La Salle, Illinois: Open Court Publishing Co., Second, augmented edition, 1981, p. 104.

求解答的一項問題 ❷。」 亞氏的確是 一位具有先知先覺 的哲學家，因爲西方長達兩千多年歷史的哲學發展，始終擺脫不了形上的終極關懷。雖然其間產生過不少反形上學的傾向，但我們卻可很清楚看出，形上學的問題——亦卽對吾人所置身其中的經驗實在，究竟該如何解釋的問題❸；換言之，亦卽「存有是什麼？」的問題——一直是哲學裏最主要的問題。

雅斯培哲學探討的出發點可說是同樣出自對「存有」問題的關心。他曾在他的《哲學》一書第一册的序言中說道：「今日的哲學思維，仍像往常一樣，是對『存有』的關懷❹。」因此，如何超越個別殊相及部分，去找尋「存有本身」，可說是從過去到現在，哲學思考的中心問題。可是，「存有」究竟是什麼？從古希臘到現代的 許多哲學家給予 此一問題的答案， 可說是眾說紛紜，莫衷一是。大多數哲學家都企圖從對「存有物」(Seiendes)的探討，建立起一套對「存有本身」(Sein an sich) 的系統知識。在這些企圖中，「存有」被界定爲某種世界之物，是一切其

---

❷ "And indeed the question which was raised of old and is raised now and always, and is always the subject of doubt, viz. what being is." Aristotle, *Metaphysics*, trans. by W.D. Ross, Book z (VII), sec. 1, 1028b, in *The Basic Works of Aristotle*, ed. by R. Makeon, N.Y.: Random House, 1941, pp. 783-784.

❸ 參閱項退結著，《現代中國與形上學》，黎明，臺北，民國70年二版，頁 5。所謂形上學，項教授的定義爲： 「我人對自己所經驗、所思考的實在界，所作的終極解釋。」

❹ Karl Jaspers, *Philosophie* I, S. IX. "Im gegenwärtigen Philosophieren handel es sich wie von jeher um das Sein." 或參閱英譯本 *Philosophy* I, p. 3. 以下雅斯培之德文原著以德文字 *Philosophie* 標示，英譯本則以英文字 *Philosophy* 作標示。

他事物所從出的根源。然而問題是，這些可作爲我們認識對象的世間存有物，永遠不是存有本身。因而「存有」與「存有物」的區分，應該是哲學上首要的問題。

在這個問題上，雅斯培和海德格似乎有共同的出發點。一位德國學者曾經這麼說：「如果我們要在雅斯培和早期的海德格之間找尋共同點的話，我們可以說，兩位思想家的思考都是圍繞著『存有本身』和『存有物』的區分打轉的❺。」

存有物不是存有本身，這似乎是個簡單自明的事實，譬如：水、火、氣、原子……等都可說是存有物，卻不是存有本身。存有本身似乎應當是最普遍的概念，而不該是具體、個別的經驗事物。但何以古今的許多哲學家會產生這種混淆，錯把存有物當作存有本身呢？問題出在：我們始終想把「存有本身」當作一個理智認知的對象去認識，而實際上，「存有本身 (Being per se) 並不像存有中的事物 (Things in Being)，並不是一個對象，也永遠不能成爲一個對象❻。」

西方傳統形上學都傾向於把「存有」當作可認知的對象來探討。可是，一旦我把「存有」思考爲一個與我相對的「對象」，或我以外的「客體」時，它便與我分離。無論我所想的、我所談論的，我總是把它當作「我」以外的東西，把它當作一個與「主

❺ Gerhard Knauss 在其 〈雅斯培哲學中的 『統攝者』 概念〉 (The Concept of the "Encompassing" in Jaspers' Philosophy)一文中提及此言。該文收錄於 Paul A. Schilpp ed., *The Philosophy of Karl Jaspers*, p. 146 一書中。

❻ C. F. Wallraff, *Karl Jaspers——An Introduction to His Philosophy*, New Jersey: Princeton University Press, 1970, p. 190.

體我」相對的「客體」(Object)。甚至我也可以把我自己當作一個思考的「對象」(Gegenstand)，彷彿我變成另外一個人；可是在這同時，我卻仍然是個「思維的我」或「思維的主體」，這個「思維我」雖然想著自己，卻又不能理所當然地把自己當作「客體」來看待。這種思維的分裂情況，雅斯培稱之為「主客的分裂」(die Subjekt-Objekt-Spaltung)❼。而只要我們處於清醒的、有意識的狀態時，我們就總是處於這種分裂的情況之下。

雅斯培所說的「主客分裂」情況，可以說是我們理性認知的一種必然結果。這種主客之間截然對立的劃分，最早可溯源於笛卡兒 (René Descartes)。笛卡兒宣稱他發現了「思維的主體」或「思維我」(Cogito)。對他而言，主體的存在是不容懷疑的自明眞理。可是在認識上，主體要如何才能達到客體，笛氏卻不能提供令人滿意的答案。換言之，早從笛卡兒開始，主客二元的對立就已經出現了一道深而無法踰越的鴻溝。這個難題不僅是笛卡兒之後西方哲學家極力要解決的問題，也同樣是雅斯培哲學中想盡辦法要處理的課題。

雅斯培在這種哲學史的背景下，引進了「統攝者」的概念，來作為探求存有本身、兼融合主客、消弭主客對立的法寶。主客分裂固然造成統一性的破壞，使「存有本身」變得支離破碎，可是當我們進一步省思：如果我要成為一個主體，必須要有一先決條件，那就是要有一對象或客體先我們而在，只有指向對象時，

---

❼ 參照 K. Jaspers, *Einführung in die Philosophie*, München: R. Piper, 1971, S. 25. 或參閱 R. Manheim 之英譯本, *Way to Wisdom——An Introduction to Philosophy*, Yale Univ. Press, 1966, pp. 28-30.

我們才能意識到自身。「沒有無主體之客體，亦沒有無客體之主體❽。」換言之，主體沒有客體不行，客體沒有主體也不行。

主體和客體既然都不能獨存，二者相互之間要如何關聯呢？換言之，主客體必須並峙才有意義，可是統合二者的基礎是什麼呢？在雅斯培看來，這統合二者的基礎便是「統攝者」，這「統攝者」其實可以說就是「存有本身」或「整體存有」，它既是使主客彼此關聯，又是使主客彼此區分的背景和統合基礎；它本身既非主體、亦非客體，而是主體和客體的整合❾。

然而，這統攝者究竟是什麼？它是否根本脫離經驗、純為思想或概念的產物？它要如何來認知 而不會再度陷入主客分裂 的困難之中？這種認知上引起的困難，值得我們再進一步地來探討。

第二節　統攝者與存有的基本經驗

由於我們認識的對象總是一個限定的存有者，因此存有本身根本無法為我們的理性所認知，它根本不是限定的。我們的認知

---

❽ "Kein Objekt ist ohne Subjekt, kein Subjekt ohne Objekt." Karl Jaspers, *Kleine Schule des Philosophischen Denkens*, München: R. Piper, 1974, S. 45. 另有英譯本 *Philosophy is for Everyman: A Short Course in Philosophic Thinking*, trans. by R. F. C. Hull & Grete Wels. New York: Harcourt, Brace and World, 1967, p. 23. 該書另有中譯本《哲學淺論》係由張康（狄剛主教）譯，臺北，東大，民國67年初版，頁23。

❾ "Wir nennen es das Umgreifende, das Ganze von Subjekt und Objekt, das selber weder Subjekt noch Objekt ist." 同前引書（德文版）S. 45-46.

總有一個像地平線般的界域或視野 (horizon)，我們也生活在這個有限的界域之內。可是我們內心之中總有一股強烈的欲望，無時不刻想要超越那一直包圍著我們，並阻礙我們視線的界限。彷彿跨越過地平線的那一端，就可以與「絕對存有」面對面，可是，事實上，無論我們如何努力，這種期望卻永遠不會實現。我們所遇到的東西，都仍舊是限定的存有物。當我們的知識不斷增加，而我們認知的範圍也不斷擴大，那象徵包圍著我們的地平線似乎也不斷地向後退卻，但無論這條界線如何向外擴張或退縮，它卻仍然存留在那兒，永遠無法消除。而在這地平線之外，似乎總是有一大片包圍著我們視線範圍的黑暗領域，來作爲這一切的背景。這個背景，我們可以稱爲「統攝者」(das Umgreifende)⑩。它是一切新視野、新界域產生的根源，可是它本身卻不像地平線一樣可以看得見，它本身永遠不呈顯出來，但卻是一切對象性事物所憑藉而顯現之處⑪。

乍看之下，「統攝者」似乎是一個很深奧、抽象的東西，但它絕不是一個抽象的概念。它也絕不是由經驗而來的概念，雖然我們要透過前述對存有的基本經驗來掌握它。「統攝者」可說是雅斯培哲學思考的核心概念，它側身於一切限定存有物的視野之外，它也永遠不會像限定的認知對象呈顯於吾人之前。它可以說是用來指稱「那無法藉對象知識來認知的終極實在」。它不是一個特定的對象，也不是所有對象的整合體。它爲人的概念範疇設

---

⑩ 此一概念純爲雅斯培獨創之術語，英文即有兩種譯法，一爲 the Encompassing，另一爲 the Comprehensive，中文譯名亦不甚統一，項退結教授譯作「包圍者」，大陸學者則有人譯作「大全」，本文採用之「統攝者」爲張康之譯法。

⑪ Cf. Wallraff, op. cit., p. 192.

下了界限，而在思想中總會有超越思想本身的事物出現。人並不在概念的架構中，而是在存有的抉擇與哲學信仰中與那作爲超越的「統攝者」相遇⑫。

總而言之，「統攝者」只不過是個名稱、記號或標記，用來指稱那超越一切相對角度、觀點、視野、和概念架構的終極背景⑬。它並非一個有固定及可知內涵的字眼。它指謂那作爲我們概念的基礎，但是卻又永遠無法爲我們的概念完全掌握的「終極存有」(the Ultimate Being)。在雅斯培的著作中，「統攝者」這個名詞有其固定的用法，但卻沒有明確、清晰、客觀的內容。

從我們的認識行爲本身來看，每一個成爲我們認知對象的事物，卽使是最大的，仍然要依存於另一個對象之內，它總不是整體。事實上，我們根本就找不到一個可以觀測一封閉的「整體存有」的立足點，或是可以讓「存有本身」間接呈顯出來的系列立足點。我們總是在一個有限的界域中生存並思考，從我們意識到這個界域是有限的事實，顯示出另外有一更大的背景包圍這旣有的界域。我們對「統攝者」的察知 (Innewerden)，就是來自這種處境的體驗。「統攝者」本身絕不是一個固定的界域，讓一切有限的存有模式及眞理在它內向我們開顯，反倒是，它包圍了每一個特殊的界域，但自身卻顯示爲不再是一個界域的終極、絕對實在⑭。

---

⑫ 參閱 K. Jaspers. *The Perennial Scope of Philosophy*, trans. by Ralph Manheim, London: Routledge & Kegan Paul, 1950, pp. 16-27.

⑬ 參閱 K. Jaspers, *Reason and Existenz*, Williiam Earle 之英譯本序言, New York: Noonday, 1973, p. 10.

⑭ *Ibid* ., p. 52.

第三節　統攝者的掌握方式

「統攝者」究竟是什麼？它似乎根本不是言語所能表達清楚
的，它本身似乎就蘊含著若干神秘的色彩。其實，雅斯培的「統
攝者」本來指涉的就是「存有本身」或「整體存有」❶，「存有
本身」無法作爲認知的對象，正因它是一「統攝者」，它既非主
體、又非客體，但同時又是包羅主、客的整體。它之所以不能成
爲認知的對象，一方面是因爲它是一切對象認知的條件和基礎，
另一方面是因爲它不容被分割，它就是包羅主、客的整體。

「統攝者」依世俗的眼光來衡量，可說是個空洞的概念，然
而它卻是我們了悟存有的形式。它開顯了無限的可能性，在這些
可能中「存有物」得以顯示出來，並使一切存有物成爲洞若了然
❶
。

既然「統攝者」本身無法作爲我們認知的對象，它也無法爲
我們的理智直接來認知，那麼究竟是以什麼方式才能掌握住它確
切的內涵呢？在這裏，想要理解「統攝者」的企圖，似乎總是
含藏著一個弔詭（paradox）：一方面它不能作爲對象來認知或談
論，另一方面，只要我們一想到它、一談到它，它便出現在我們
的意識中，而成爲一種「對象性」的思考。因此，我們所能作

---

❶ "Vom umgreifenden Philosophieren, das würde bedeuten,
einzudringen in das Sein selbst." （對「統攝者」作哲學思考，
便等於深入「存有本身」作探究。）參閱 *Einführung in die
Philosophie*, S. 27.
❶ *Ibid.*, p. 26.

的，只有「透過『對象性的思考』，去獲取指向『非對象性之統攝者』的標記⑰。」只要我們在哲學的思考中牢記：「統攝者」和「存有本身」同樣是個整體，不能作為對象，那麼包羅主客的統攝者思考就不再淪為一種限定的對象思考了。統攝者原本不是從探究中得來的一種可言傳的內容，而是我們意識上的一種轉變和一種新的態度。如果我們眞要體驗統攝者的話，就得把對象性的內容，從上述有關它的討論中抽掉。

由於對「統攝者」進行哲學思考，就是深入探究「存有本身」，因此把握「統攝者」的方式，並不是一般理性推論的方式，而是一種「存在照明」(Existenzerhellung)的方式⑱。它不再是一種限定對象的思考方式，它是一種嶄新向度的思考，它必須是動態的、辯證方式的思考⑲。一方面，它不放棄以「限定的思考」作手段，但另一方面，又不讓自身受到「限定思考」的禁錮，而試圖在思想上作一種「躍昇」(ein Sprung)。它必須起而反對自身、否定自身，並藉此在自身的限定中取消自身。這種可使我們進入「存有本身」的躍昇，並不帶給我們新的知識，卻只澄清我們對「存有」的體認。這種躍昇無法光憑理智(Verstand)，

---

⑰ "Wir müssen durch gegenständliches Denken die Zeiger auf das Ungegenständliches des Umgreifenden gewinnen." *Ibid.*, p. 27.

⑱ Karl Jaspers, *Philosophy of Exisence*, translated by R. F. Grabau, Philadelphia: Univ. of Pennsylvania Press, 1972, p. 18.

⑲ "Thinking must acquire a new dimension, it must become movement, become dialectic." 參閱 Paul A. Schilpp, ed., *The Philosophy of Karl Jaspers*, p. 149.

它利用理智來超越理智，卻不犧牲理智[20]。這種透過逆轉方式產生的思考，被雅斯培稱爲「超越的思考」(transzendierende Gedanken)。它可說是另一種思考的經驗，那無法靠對象性思考來掌握的「統攝者」，透過這種超越思考的方式被掌握了。它根本上不是對象的認識，而是一種對存有根基的體認。

第四節　統攝者展現的模式

在我們的認識過程中，主客的普遍關係乃是所有認知的統攝背景。而主體與客體可能發生關連的特殊方式，便是「統攝者」的模式。對「統攝者」的分析便是對主客間主要關係的闡明。因爲主客關係是認識的基本型式，統攝者也有兩種主要的模式：「我們自身的統攝者」（主體）和「存有本身的統攝者」（客體）。另外主客的統攝者又都具有內在與超越兩種模式。其中主體性的統攝者，其內在模式有三種：「經驗事物」(Dasein)、「意識自身」(Bewußtsein-überhaupt)、「精神」(Geist)。客體性統攝者的內在模式則爲「世界」(Welt)。在超越模式方面，主體性的統攝者是「存在」(Existenz)，而客體性的統攝者則是「超越界」(Transzendenz)。

下列圖表可幫助我們了解「統攝者」的各種模式[21]：

---

[20] Cf. *Kleine Schule des Philosophischen Denkens*, S. 55.

[21] Cf. Wallraff, op. cit., p. 195.

	一、主體性的統攝者或我們自身所是的統攝者	二、客體性的統攝者或存有本身的統攝者
甲、內在的模式	1. 經驗事物(Dasein) 2. 意識自身(Bewußtsein-überhaupt) 3. 精神 (Geist)	世界 (Welt)
乙、超越的模式	存在 (Existenz)	超越界(Transzendenz)
理性 (Vernunft)——我們內在諸統攝者模式之連繫力量		

圖表 3-1

就我們自身而言，我們可從三種不同角度來觀察自己：

㈠人是「可經驗到的事物」(Dasein)㉒，他是在時空內具有生命的存有者。他具有本能、需求和衝動，他的行動就是爲了這些東西的滿足。在這個層面上和他發生關連的事物，就是他實際關懷的對象，這些對象構成了日常經驗到的世界。在這個層面上，人可以作爲各門科學——如心理學、社會學、人類學——研究的對象。但是這些科學都不足以把握、理解全盤的、整體的

㉒ 雅斯培與海德格二人對 Dasein 一詞的用法與意義，甚爲不同。對海德格而言，Dasein 這個德文字——一般譯爲「此有」——是特別用來指稱人的存在，他用諸如牽掛、自由、歷史性、墮落等存在範疇來界定 Dasein。因此，海德格的 Dasein 一字含義，包括了雅斯培用兩個字眼才能表達的內容：卽一般意義下的「經驗事物」(Dasein)和「存在」(Existenz)。請參閱*Philosophy of Existence*英譯者 R.F. Grabau 所作之序 p. xviii。

人。因此，就「可經驗事物」這一層面而言，人屬於超出吾人理解範圍的統攝者。

㈡人是「意識自身」(Bewußtsein überhaupt)。意識自身具有兩層意義：第一層，它與經驗的實在界相關，它是在時間過程中顯示個別生命意識的根源。第二層，我們並非彼此隔絕的個別意識，我們彼此相似，藉著這種相似性，我們顯現為「普遍意識」或「意識自身」。如果前述的「可經驗事物」表現了一種「人與經驗世界」間的關係，則「意識自身」表現出一種「人與理念世界」間的關係。作為「意識自身」我們從個別的意識限制中解放了出來，參與了人類普遍而永恆的本質，並且分享了超越時間性的普遍真理。從這個層面看來，人作為意識自身可以認知外界事物，一切事物幾乎都在我們意識的籠罩之下。

㈢人是企求整體性、完美、及圓滿的「精神」(Geist)。精神以意識的真理為導向，受到永恆而普遍的理念所吸引。它尋求個體的統一，使每一個個體都成為整體的一分子。精神表現了「經驗事物」與「意識自身」的綜合，但是這種綜合永遠沒有完成，它總是處於過程之中，它是一種具體的普遍，或稱為「理念」(Idea)㉓。當人們參與這種具體的普遍時，便結合成一歷史性的整體。譬如，國家、教會、文化傳統等皆是某種精神的具體呈現，每一者皆由某種理念所構成。透過「精神」這一層面來看，人和宇宙都可被統攝在整體的理念之中，人不再被視為個體，而是整體中的一分子。

只有透過「我們自身的統攝者」，才能探究「存有本身的統

㉓ *Reason and Existenz*, p. 57.

攝者」❷。「存有本身」從不以一實體與可認知事物之身分獨立出現。它只有在「我們自身的統攝者」中，並透過後者才開顯出來。 然而，「我們自身的統攝者」並不是「存有本身」，而是「存有本身統攝者」的眞實呈顯。在各種極限上顯現出來，並讓我們察覺到的「存有本身」乃是我們從自身的處境去探求時最後遇到的，但就它本身而言，卻是最先的。存有本身並不是我們創造的，它不是詮釋，也不是對象。它吸引我們不斷去探求並不容止息。

「我們自身的統攝者」事實上有其限制。即使一切我們所認識的事物形式是我們創造的，由於這種形式必須在那些它據以成爲對象的模式中才能顯現給我們，經驗事物中的最小一粒微塵卻無法爲認識所創造。而「存有本身」對我們的探求，總是把眞面目隱藏在背後，只是間接地在有限的經驗事物中呈顯自身。這些經驗事物的整體就是我們所說的「世界」(die Welt)❷。

科學總是想把世界當作一個對象來研究，並且想構作出一套「世界圖像」(Weltbild)，以期對世界能有整體性的認知。 然而，這種企圖根本是錯誤的，因爲這個世界根本不是一個對象。我們自己總是置身世界之中，我們在其中遇到種種對象，但世界本身永遠不能當作對象。就這個觀點來看，世界是統攝主客的統攝者。

統攝者除了內在諸模式外， 還有超越的模式：即「存在」

---

❷ 雅斯培和海德格二人，在對「存有」的探討上，似乎具有共同的出發點，即都從人自身的存在開始——雅斯培從「主體性的統攝者」，海德格則從「此有」(Dasein)。

❷ *Reason and Existenz*, p.60.

(Existenz) 與「超越界」(Transzendenz) ❷。強調個人的「存在」乃是當代「存在哲學」顯著的特徵。下面將就「存在」和「超越界」的意義,「存在」與「超越界」的關係,「理性」與「存在」間的關係,分別扼要說明。

首先, 就「存在」而言,「存在」是雅斯培哲學思維的樞紐,可是它卻無法像內在模式一樣以普遍的方式來描述。它是內存於每個人身上的可能性。它具有兩項明顯的特徵: (1)它是獨一無二的。每個個別的人,只要他是眞誠的,它就是一特殊的,歷史性的具體存有者。在這種意義下,雅斯培用「存在」來指稱個別的人。(2)「存在」是每一個別自我終極的根源或基礎。它可以視為一種自由、創造力、或純粹自發性的肇因。在這種意義下,「存在」是一種普遍的架構,雅斯培藉著歷史性、自由、抉擇等概念來描述它。此外,雅斯培經常使用「可能的存在」(mögliche Existenz) 一語, 因為「存在」在原則上,是永遠無法完全實現的❷。每一「存在」的實現來自某種具體而限定的創造,某種自我的客觀化。但「存在」仍然是根源,是一種無限的可能性。因此,作為「存在」的個人,完全超越一切他所是、所知或他的所做所為。「存在」可說是每一自我原始而自發的深處,是成為眞實自我的意志❷。

---

❷ 有關德文字 Transzendenz 的譯名, 一般採取較廣義的「超越界」來譯, 但如若在文脈中, 明顯為指稱上帝或一位格神時, 則譯為「超越者」。

❷ 「存在」(Existenz) 是可能性 (Möglichkeit), 就是意指自由 (Freiheit)。人就是在自身的自由中所能成就者。參閱 *Philosophie* II, S. 1-4./*Philosophy*, II. pp. 3-6.

❷ 參閱 *Reason and Existenz*, pp. 60-63.

另外，「存在」本身含有非理性的成分，因此永遠不能爲「意識本身」完全明瞭。意識總是在結構上與普遍理念相關連，但「存在」卻永遠無法透過一個觀念來掌握。存在只有透過具體的照明——亦即「存在照明」(Existenzerhellung)——才能掌握。「存在」是抉擇的可能性，它在時間中有其起源，並且只有在時間中才能掌握自己。

其次，讓我們來談「超越界」的意義和特徵：超越界可說是超越一切對象性事物之外的「存有本身」，世界正是它內在的反映。超越界表現出下列雙重的特徵：(1)在任何世界的層次中，人永遠無法窮盡所有的可能性；(2)在對象限定之外，有一與「存在」相關的「存有本身」之背景。因爲「超越界」就是「存有本身」，因此「存在」意識到自身是由「超越界」所賦予的[29]。如果沒有「超越界」，而一切「存有」就只有世界，「存在」便不可能，而人也會成爲一個世上存有物 (Weltsein)，可以用統攝者不同的內在模式之概念來描述。

對雅斯培來說，世上的一切事物都可能是指向「超越界」的一個「密碼」(Chiffre)[30]。尤其是哲學史上的偉大哲學家，他們的著作以及其中蘊藏的哲學思想，也都可以作爲密碼文字，成爲我們躍向超越界的跳板。

再就「存在」與「超越界」的關係而言：作爲「存在」的個人自我，總是以超越界爲導向，以之作爲自身回歸的目標。「存在」本身必得不斷去追尋超越的存有，透過「存在照明」，個人

---

[29] *Philosophy of Existence*, P. xxi.

[30] 「密碼」(Chiffre) 在雅斯培的哲學中爲一相當重要的概念，本書第六章中將詳加解釋。

才得以實現他真正的自我，並體驗到超越界與真實自我的合一。在此，「存在的照明」可說是一種最深刻而真實的抉擇，它讓我決定是否要從內在的整體中躍向超越界，或者是否要從一切在時空中可經驗到的事物躍向真實而永恆的「存有本身」❸。

「存在」與「超越界」都不是對象，也不能作為對象，它們是一切其他事物發生的根源。當我們談論它們時，實際上已經把它們帶到意識領域內的主客對立架構中，因而必然地把它們當成對象。因此，當我們僅就字面的意義企圖去了解它們時，很可能會產生誤解與誤導。語言在此的功能同樣地只是指向不限定根源的密碼。藉此密碼，我們去把握其言外之意，獲得一種對「存在」及它與「超越界」之間關係的內在體認。這種掌握「超越存有」的方式，可說是一種「超越思考的內在行動」 (an inner action of transcending thought)❸。

最後我們要探討的統攝者模式是「理性」(Vernunft)。如果說「統攝者」的各種模式之根源在於「存在」，那麼它們相互間的結合便在於「理性」。理性可說是內在統合各種模式並防止它們落入互不相干多元的維繫力量。「理性」與「存在」乃是人存有的兩極，二者是不可分的。任何一者缺少了對方都不可能獨存。而「存在」只有透過「理性」才變得明晰，「理性」只有透過「存在」才具有內容。理性不僅包括了對「普遍真確事物」(ens rationis) 的掌握，也觸及並顯示了非理性的成分，揭露非理性這一面的意義。它總是要求統一、普遍、規律和秩序，但同時又停留在「存在」的可能性之內。「理性」沒有「存在」是空洞的，

---

❸ 參閱 *Philosophy of Existence*, pp. 24-25.
❸ *Ibid.*, p. xxii.

終會淪為一種空虛冷漠的思考。而「存在」沒有「理性」則是盲目的，會淪為一種本能的衝動和非理性的掙扎。所以我們可以說，「理性」與「存在」二者雖然相互限定對方，卻是友而非敵。二者相輔相成，彼此間相互依賴❸。

　　總而言之，每一統攝者的模式都是一統攝者，換言之，每一模式也都是一無限而無法窮盡的向度。譬如在「經驗事物」(Dasein) 的層次中，人為了滿足自己的願望及興趣，為了彼此之間的互動而建立特殊的技巧和方法。但「經驗事物」卻不是這些技巧的描述所能窮盡的。「經驗事物」超越這些技巧，因為它是新技巧的創造性根源。其他的模式也是同樣的。我們永遠無法把每一層次的「統攝者」完全化約為一套有限的主客關係。這表示，即使在內在的模式之中，存有與人都可接受客觀的、科學的研究，但人和存有都超越了一切可能的認知❸。

第五節　「統攝者」概念的形上學意義

　　雅斯培對澄清「存有」意義及形式的關心，確實使他承繼了西方形上學的偉大傳統。古典形上學或一般哲學最通常而自然的「存有」探討方式，便是把「存有本身」當作「自然」或「世界」，要不然就將之構思為「上帝」。另一種探討「存有」的方式則是從我們自身，也就是從「主體」本身著手。這是德國哲學從康德以來所開展出來的一條路子，也是雅斯培所遵循的路子

---

❸ *Reason and Existenz*, pp. 31-32.
❸ *Philosophy of Existence*, pp. xvii.

㉟。雅斯培的哲學出發點從「我們自身的統攝者」開始，透過「存在的照明」，而直指「超越界」或「存有本身」。這種強調主體性的思考方式並不排斥理性，只是它強調光憑理性的認知方式，無法掌握存有本身，也無法達到超越。一般批評存在哲學屬於一種非理性主義 (irrationalism)，但至少在雅斯培的「存在哲學」(Existenzphilosophie) 中，「非理性」指的絕不是「反理性」(counter-rational)，而可說是「超理性」，雖然是超理性，但絕無完全摒棄理性的意思，而是要藉著理性來超越理性自身。

雅斯培的「統攝者」概念，基本上可說是爲了超越理性認知所造成的「主客分裂」困境，而設計的一種統合和彌補之道。對於「統攝者」的闡明，也就是超越主客對立的情況去掌握存有本身。這個「統攝者」的基本思想可說是雅斯培的創見，只是對「統攝者」概念的系統鋪陳，學者提出了不同的意見**㊱**。譬如：統攝者的模式何以限定爲七種，何以不是亞理斯多德的範疇數目「十」，或康德範疇的數目「十二」？又：統攝者的七種模式並不具有清楚的關聯或等級，各種模式顯然包含了異質的表相，因此，「超越界」、「世界」、「意識自身」、「精神」等的數目都只有「一」，而「經驗事物」與「存在」的數目卻是「多」。

雅斯培對上述的質疑，答辯如下**㊲**：統攝者七個模式並不是

㉟ 雅斯培顯然受到了康德的影響，康德知識論上的「哥白尼轉向」，將主體的理性作爲他哲學的出發點，而雅斯培則以主體的「存在」起始，雖強調「存在」，但卻從未放棄康德的理性。參閱 *Ibid.*, pp. 21-22。

㊱ 這主要是德國學者柯瑙思 (Gerhard Knauss) 所提出來的質疑。參考**❺**，或 Paul A. Schilpp 所編輯的 *The Philosophy of K. Jaspers*, pp. 171f.

㊲ *Ibid.*, pp. 801-802.

經由系統的觀點產生的，而是在超越主客分裂的過程中，對每一統攝者模式，經由有意識的察知而得來的。七種模式的展現基礎並不是武斷的，而是對既有經驗的接受。另外關於存有根基方面的知識，並不敢說已經獲有了確定的答案，除非我們能找到一切存有物或可能存有物所從出的那個存有元始。但這根本是沒有結果的夢想。有關統攝者的基本知織有幾項特點：(1)它是懸浮未定的，(2)它無法獲致一項共同點，(3)它無法由任何其他的基礎或根源而來，(4)它在各方面是不斷擴大的。

　　雅斯培的統攝者可說是相當富有神秘的色彩，但雅斯培本人絕不是位密契主義者（mystic）。古今以來，東西方被稱為密契主義的哲學家，都宣稱超越了主客的對立，達到了一種消弭物我、主客圓融的境界。雅斯培也肯定有這種經驗，他說：「我們無法懷疑密契經驗的事實，也無法懷疑，密契主義者總是無法將他們經驗中那種最根本的東西，予以言傳。密契主義者融合在統攝者之中❸。」我們可以說雅斯培的「統攝者」哲學達到了那些偉大密契主義者同樣的形上意境。而中國的老莊哲學也達到了一種物我泯滅、主客兩忘的天人合一境界。這一點也為雅斯培所了解承認，他曾對老子的「道」加以詮釋說：「道是統攝者❹。」

---

❸ "An den mystischen Erfahrungen kann kein Zweifel sein, auch nicht daran, daß jedem Mystiker in der Sprache, durch die er sich mitteilen möchte, das Wesentliche nicht sagbar wird. Der Mystiker versinkt im Umgreifenden." *Einführung*, S. 28.

❹ Karl Jaspers, *The Great Philosophers*, Vol. II, edited by H. Arendt, translated by R. Manheim, New York: Harcourt, Brace & World, 1966, p.391. "Tao...remains the Encompassing."

這是由於一方面，「道」無法作為吾人認知的對象，它具有無法窮盡的向度；另一方面，「道」也兼具內在性與超越性兩種層面的性質。

雅斯培對於「統攝者」以主、客及內在性、超越性來區分為七種不同的模式，這種分類是否有些牽強或令人難以理解，可以說是見仁見智。其實就像亞理斯多德或康德所提出的「範疇」劃分一樣，這些都可以視作這些哲學家本人在哲學上所作的努力或嘗試，亞理斯多德為了構作一套形上理論來解釋實在界，康德則為構作他的知識論而設下認識的先決條件。雅斯培構思出來的「統攝者」也不過是為了他自己的形上學理論提供架構性的基礎而已。事實上，雅斯培的「統攝者」概念和他的哲學都具有一種開放的性質，他絕不會認為自己的這一套思想是終極而絕對的。而對於一位雅斯培作品的讀者或雅斯培思想的研究者而言，若掌握了他的「統攝者」概念，將更有助於深入把握他的整個思想。

第四章　雅斯培的「超越」概念

　　雅斯培曾在其《哲學》一書的序言中說過這樣的話：「哲學的意義在於：膽敢深入探究人類自知無法達到的根基❶。」自從十九世紀以來，許多歐洲哲學家由於受到實證主義的影響，對於哲學自身的前途都抱持著一種不甚樂觀的態度。哲學早在亞理斯多德的時代，與科學原是不分的。到了近代，新興科學不斷的出現，紛紛脫離哲學的掌握而宣告獨立，相形之下，哲學自身擁有的地盤似乎有日漸萎縮之虞。哲學是否有一天會因科學的進步、人類理智能力的拓展，而根本消失？這是許多哲學家所感到憂慮的。因此，不少哲學家認為哲學若要繼續存留下去，唯一的途徑便是將哲學也變成一門科學，透過哲學方法的改良，使哲學也可走上精確科學的路子。胡塞爾 (Edmund Husserl) 所發明的現象學 (Phenomenology)，其實就代表了這種將哲學科學化的企圖。然而，雅斯培卻根本反對這種將科學與哲學相混同的企圖。在他看來，哲學與科學各有各的研究領域，而且二者在本質上也有不同。科學乃是一種對象性的認知，它企圖透過理性的證明，建立一套為每個人都真確的知識系統。而哲學基本上卻是一種超越的

---

❶ "Philosophie,... in den unbetretbaren Grund menschlicher Selbstgewißheit zu dringen,..." *Philosophie* I, S. VII. /*Philosophy*, I, p. 1.

思考，它企圖超越對象性的認知，進一步去探求理性能力界限外的領域。哲學與科學根本是不同的，科學研究總是在理性能力範圍內認知的努力，而哲學則要跨過那理性界限之外，獲取對「存有本身」或「超越界」的體認。

在探討雅斯培的「超越」概念時，我們首先得答覆「何謂超越？」以及「為何要超越？」的問題。關於「超越」一詞的字義以及它所具有不同層面的哲學意義，到雅斯培的看法，都要加以說明。至於超越的動機則是出自人的不滿。其次面對的問題是：「人是否有超越的可能？」若有的話，「超越是否有其內在的秩序或模式？」雅斯培提出三種超越的模式。最後一個問題是：「如何超越？」這個問題關係著雅斯培整個超越的理論。前面我們曾提及雅斯培的「超越雙翼說」，超越必須同時依賴「理性」與「存在」這對翅膀的揮動，才能飛昇。本章將僅就思考上的超越方法——「形式超越」來作一介紹，這「形式超越」可說是雅斯培對「超越」設下的必要條件。至於「存在」的超越則留待下章再來說明。

第一節　「超越」概念的意義

「超越」(Transzendieren/transcending) 乃是雅斯培形上學探求的中心主題，想要了解它的含意，首先得從字面的意義來探討。拉丁文 transcendere 一字原本的意思是攀登過去或越過，引申有超越限制之意。作為雅斯培「統攝者」模式之一的「超越界」(Transzendenz/Transcendence)，乃是從上述拉丁動詞衍生

而來的，該名詞原本還指超越的性質或狀態。而在傳統哲學上，此一語詞則至少有三種層面的意義，即邏輯的、知識論的、與形上學的，試分述如下❷：

㈠邏輯意義的「超越」：如普遍概念或「共相」(universals) 之凌駕於個體或「殊相」(particulars) 之上的超越性。士林哲學家如聖多瑪斯提出「存有」有六種「超級特徵」(transcendentalia/transcendental properties) ❸——如一、眞、善等等——也都具有邏輯意義的超越性。

㈡認識論意義的「超越」：這又可以區分爲三個不同層次來說。⑴「超越」係指對象——無論其爲理念的或經驗的——不繫於認識者的意識而獨立。亦即是指對象非爲認識主體所創造或設置，對象因而具有獨立於主體意識之外的超越性。⑵「超越」意指超感覺。如一切事物之本質及一切精神事物，皆超越吾人感覺經驗，這種情況下所具的超越性。雖超越感官認識，這些事情並非絕對無法經驗到，譬如透過反省或直觀仍可以把握。⑶「超越」係指超一切經驗。如純精神事物，以及一些完全無法直觀的本質及其規律所具有的超越性，根本是超出吾人任何經驗之外的，只能借助於不屬經驗領域的方法，如抽象、推理、及本質的洞察去達到。

㈢形上學意義的「超越」：譬如「存有本身」，傳統哲學中所指稱的超越界事物——人的靈魂，純粹的精神體，甚至中國哲

---

❷　參照布魯格編著，項退結編譯，《西洋哲學辭典》，臺北，先知，民國65年，頁426，「超越性、超越界」一條。

❸　參閱 C. F. Van Steenberghen, *Ontology*, Brussels: Press of the Universety of Louvain, 1963, pp. 46f.

學中的「道」❹──所具有的超越有形可見世界的性質。另外，上帝所具有的超越性，尤其凌駕了一切有限的存有物，祂同時又是絕對的和無限的。

雅斯培對「超越」概念的進一步闡明與發揮，可說是貢獻極大。對他而言，「超越」就是人從「經驗事物」(Dasein)到「眞實自我」──亦卽「存在」(Existenz) 的實現過程。由於人是可能的「存在」(mögliche Existenz)，因爲他擁有自由，他可以向超越界開放，躍向那「眞實的存有」。眞正超越的達成也就是眞正自我的實現。而從認識的角度來看，雅斯培所謂的「眞正超越」(eigentliches Transzendieren)是:「超越對象性事物，進入非對象性的領域內❺。」這裏所謂的「非對象性領域」是指「眞實存有」的領域，由於哲學，尤其是形上學，是對「眞實存有」的思考和探求，而所有可以作爲對象的存有物並不是「眞實存有」或「存有本身」，因此哲學的追求必須超越一切對象性（ Gegenständlichkeit）。

現在問題是: 要如何才能超越一切對象性事物，進入非對象性的領域中呢? 雅斯培企圖從康德在認識論上的努力找尋線索。他認爲，康德超越到物自身的努力雖未成功，但仍給我們相當大的啟發。在康德之前的哲學家都企圖透過對象性的思考，來把握超越的「存有本身」，他們紛紛提出不同的答案: 實體（亞理斯

❹ 譬如《易經》中所說的「道」，便明顯具有形上意義的超越性:「形而上者謂之道，形而下者謂之器。」（〈繫辭上傳〉 第十二章）。

❺ "Eigentlich Transzendieren heißt jedoch: Hinausgehen über das Gegenständliche ins Ungegenständliche." *Philosophie* I, S. 38. / *Philosophy*, I, p. 77.

多德）、單子（萊布尼茲）、上帝（斯比諾沙），這些東西卻都是可以界定的限定存有物。唯有康德改變了超越的方向。他首先承認人對「物自身」，譬如不朽的靈魂，根本不可能作對象性的認知。康德的「超越方法」(die transzendentale Methode)或作「超驗方法」——並不是要把握超越存有的方法，他所指的「超越」是使一切存有物得以呈顯的憑藉。因此，他所謂的「超越」，實際上是對一切對象性事物的非對象性前提的一種揭示，也是對從統覺 (Apperzeption) 統一性而來的先驗範疇的指明，而統覺的統一性本身並非範疇的一種，而是範疇的基礎❻。

雅斯培指出，康德超越努力的企圖遭遇著一種兩難：要探討認識的基本條件或一切對象的非對象性前提，不能不透過概念，然而一用到概念又會立即陷入對象性的思考之中。所以即使康德在《純粹理性批判》一書中——尤其在〈超驗演繹〉一章中，費盡了心力，卻終究無法解決困難。雅斯培認爲，康德在這個問題上犯了「循環論證」的謬誤❼。

然而，康德的失敗不是沒有貢獻，他遭遇的困難正好使我們認清世界的有限：世界不是一切，它不是「存有本身」，它更不是終極的。另外我們也可明瞭，理性無法促成眞正的超越。雅斯培的「超越」，基本上離不開他的「雙翼理論」——「理性」與「存在」的雙翼，必須相輔配合來運用，才能眞正向上超昇。對雅斯培而言，「超越」會有怎樣的效果呢？他認爲，眞正的超越並不使我們加添任何知識，卻改變了我們意識上的態度。我的內在會受到一種衝擊，它使我改變我對自己和對世界的態度，這種

❻ *Philosophie* I, S. 40-41. / *Philosophy*, I, p. 79.
❼ *Philosophie* I, S. 41. / *Philosophy*, I, p. 80.

改變是純粹形式的改變。這種形式的超越，雖然沒有可以言傳的內容，卻足以使我成為一個不同的人。

「超越」在「經驗事物」層次的人身上並非呈顯的事實，而只是一種可能性。人是「經驗事物」，並且也是「可能的存在」(mögliche Existenz) 在其中開顯自身的存有者。人不只是在那兒而已 (er ist nicht nur da)，他擁有超越的可能性。從「單純的經驗事物」(bloßes Dasein) 來看，人和一般動物沒有太大差別，因這個「經驗事物」並不包含超越。但人必然會對「經驗事物」的狀態感到不滿，他要保存自我並擴展自我，並在反省中洞悉「經驗事物」的有限性。這也就是人要尋求超越的根由：他必須不斷超越並提昇自我，否則就會墮落，根本被剝奪任何再超越的機會。

雅斯培本人追尋超越的動機，相當類似於聖奧古斯丁 (St. Augustine) 的追求，同樣是起自內心的不滿或不安。後者曾經在其名著《懺悔錄》一書中，以全心投靠上主的口吻說道：「我們的心是為你而造的，除非安息於你內，我們的心將永不得安寧❸。」他透過對上主的依賴，不僅尋獲了內心的平安，也尋得了超昇的途徑。對雅斯培而言，超越起自於人對自身的不滿，換言之，人的內在會對幻滅無常的世界感到不安，他唯恐自己會墮入虛無當中，而要努力抓住真實的存有。而唯有在我實現真正的自我時，我才不再感到不安，我不再是「單純的經驗事物」。這個

---

❸ "For Thou hast made us for Thyself and our hearts are restless till they rest in Thee." *The Confessions of St. Augustine*, translated by F. J. Sheed, New York: Sheed & Ward, 1942, p. 3.

眞實的自我乃是「經驗事物」的超越，它是在「經驗事物」中「存有本身」的呈顯。然而，作爲「經驗事物」的個人是否一定有必要去努力尋求超越呢？對雅斯培而言，每個在「經驗事物」狀態中的人同時也是「可能的存在」，他擁有自由，他有作種種抉擇的可能性，他可以向「超越界」開放而尋得眞正的自我，或者拒絕超越而喪失自我，淪爲枯槁的行屍走肉。「存在」的眞義就是它不能只是「經驗事物」。對雅斯培而言，超越是人繼續保存自我的唯一途徑，若是不選擇超越，便有墮入虛無的威脅與危險。

第二節　超越的模式

對雅斯培而言，超越既然是人必然會面臨的抉擇，那麼或許會有人繼續提出這樣的問題：「人是否根本有超越的可能？」或者「人是否可能達到眞正的超越？」雅斯培在他《哲學信仰》一書中提到：「人體認到自己雖然是有限的，但他的可能性似乎伸延到無限，這一點使他自己成爲一切奧秘中最偉大的 ❾。」從「人是有限的」這個觀點來看，人是無法成爲完美的。換言之，人也不可能達到眞正的超越，因爲「眞正的超越」將意指一種完美的狀態。但人不僅是「有限的」，他還是結合「有限」與「無

---

❾ "He (man) becomes for himself the greatest of all mysteries when he senses that despite his finite nature, his possibilities seem to extend into the infinite." Karl Jaspers, *The Perennial Scope of Philosophy*, p. 51.

限可能性」於一身的存有者。由於人擁有自由，他可以發揮他的潛能而向無限的超越界開放。但「眞正的超越」或「人性的完美」都只是人的理想，不可能眞正的實現，可是另一方面，我們又不能沒有這種理想來作爲我們努力的目標。因此，雅斯培「超越」眞正所指的並不是一蹴可幾或一次就完成的超越，而是一種不斷努力在思想上、在精神上，提昇自我的過程。超越的基礎與目標卻都是那絕對的超越界。

由於哲學的追求就是一種超越的追求，哲學的思考也是一種超越的思考或指向超越的思考。爲了確定超越思考的內在秩序或步驟，雅斯培區分了下列三種模式❿：㈠「世界定向」中的超越，㈡「存在照明」中的超越，㈢「形上學」中的超越。這三種模式的劃分並非絕對的，而純粹是爲了實際思考上的秩序而定的。

㈠「世界定向」中的超越，亞理斯多德曾在其《形上學》一書中開宗明義地提到：「人生來卽有求知之欲望⓫。」西方科學的進步與發展，主要便靠這般無止境的求知欲來推動。而在工業革命之後，歐洲的科學發展更有一日千里之勢，與科學快速進步同時產生的科學主義，喊出「科學萬能、理性萬能」的口號，誤以爲科學可以幫助人類無限制擴大知識的領域。然而，科學究竟是否萬能？人類的理性能力是否沒有限制？這也是十八世紀的康德在哲學上所反省的問題。科學代表的是純理性的探求，這種探求在天文學上所反映出來的是：天文距離不斷的擴張、在原子物理上則是物質可能 粒子不斷的縮小。 這又引起理性 進一步的探

---

❿ *Philosophie* I, S. 44. / *Philosophy*, I, p. 82.

⓫ "All men by nature desire to know." Aristotle, *Metaphysics*, translated by W. D. Ross, 980a.

求: 世界究竟爲有限，抑或無限? 若爲有限，則界限外，又是何物? 求知的欲望總是沒有止境，然而，理性所提出卻又無法解決的問題，卻處處顯示出理性自身能力的限制。

理性在求知的過程中，通常會遭遇兩種性質截然不同的限制，一種限制是相對的，另一種則是絕對的。所謂「相對的限制」只是暫時的限制，這是由於時機未成熟，客觀的條件——如各種儀器與工具——未能配合，而遭遇的限制。這種限制在潛在上是可踰越的，這也是通常科學上所面臨的限制。但另一種「絕對的限制」卻是根本無法跨越的限制，它也是理性自身眞正的限制。

理性在面對這兩種不同的限制時，應清楚加以劃分，以免陷入混淆。科學主義的誤謬便在於混淆了這兩種限制，把「絕對的限制」當作「相對的限制」，誤以爲總有一天這一切的限制可以透過科學來跨越、克服。在哲學的「世界定向」中超越的主要目標便是區分二者，認清什麼是那絕對的限制。如此不但可以避免科學主義的謬誤，而且可以努力追求具體的超越，能超然於世界之外而不喪失世界❷。

㈡「存在照明」中的超越，對雅斯培而言，眞正的超越是一種「原初性的超越」(urspüngliche Transzendieren)，而只有個人才能去實行這種超越的嘗試，只有個人才可能在他所處的獨特而具體的歷史處境中，從「經驗事物」的層次努力躍向「存在」。眞實的「存在」或「自我」並不是可認知的對象，也不是一成不變的存有物。

---

❷ *Philosophie* I, S. 46. / *Philosophy*, I, p. 84.

「存在照明」中的超越乃是要從可以作爲認知對象的「經驗
事物」，超越到那永遠不能成爲對象的「眞實自我」，其目標並
非可理解的事物，而是作爲理解基礎的不可理解之領域。在這種
超越行動中，「存在」(Existenz) 並不是「存有本身」，它不是
萬物的根由，也不是在時間中呈顯的「經驗事物」。在「存在照
明」中的哲學反省並不使我獲得客觀的支持，卻在實際上使我實
現更徹底的超越。

在「存在照明」中的邏輯法則，正好和在「世界定向」中自
明的事實相互顚倒。個體比整體重要，自我比理念優越。眞理的
意義在兩個階段中也有了轉變。在「世界定向」中，眞理的意義
是客觀的，而在「存在照明」中，眞理卻有主觀的意義。在這個
層面，談論一個爲所有人皆爲眞的眞理，便沒有意義。「存在」
的眞理，並非普遍爲眞的眞理，而是對我而言爲眞的眞理，因爲
我毫無條件遵循它，它也是我體認到的唯一眞理。而在「存在照
明」中的超越，只有透過主體性眞理的實踐，並透過與其他「存
在」之間的溝通，才能實現。這種超越的實現也就是眞實自我的
實現⓭。

㈢形上學中的超越：就如康德認爲純粹理性達不到「物自
身」，對雅斯培而言，「存有本身」也同樣無法爲理性當作對象
來認知。各門科學研究都把「存有」當作各種不同的「經驗事
物」。只有當我們認淸科學的限制，並劃分那可理解與不可理解
的領域，我們對科學的眞理才可能有比較穩妥的掌握。科學的研
究是被限制在可理解的範圍之內的，眞正的「存在」卻要突破這

⓭ *Philosophie* I, S. 47-48. /*Philosophy*, I, p. 85.

種意識內在性的限制，尋求存有的統一。眞實而唯一的「存有」
若要開顯自身，唯有作爲「超越的存有」才能做得到。

「超越的存有」或「超越界」是超越行動的最終目標，而唯
有個人從「經驗事物」躍向自身的「存在」，才能達成。超越界
的開顯固然要透過它在「經驗事物」中的呈現，但「存有」在
「經驗事物」中變得支離破碎，因而存有的統一性唯有經由眞正
的「存在」來恢復。

這種返回到「超越存有」的「形上超越」，很可能會遭遇到
阻礙。這阻礙就是所謂「意識的原則」(Satz des Bewußtseins)。
這原則主張：任何存有物，如果爲我而存，必然爲我的意識而
存，因它已進入了我的意識中。卽使我本身，也存於一普遍的
「意識自身」(Bewußtsein überhaupt)中。在這統攝的意識外，
並無其他的存有物，亦無非意識。吾人無法想像任何存有物不是
意識的客體。因此，「凡爲我們具有存有物特徵者，必然作爲對
象或作爲經驗內在於意識中❶。」這項原則，簡言之，卽「一切
皆意識」(alles ist Bewußtsein)，亦稱爲「內在性的原則」(Satz
der Immanenz)。

由於「意識的原則」將「意識」與「存有」劃上等號，如此
一來不僅扼殺了哲學的思考，而且也切斷了通往超越之路。要指
出它的謬誤，最好的方式便是指明「存在」與「自由」都無法作
爲意識的對象。「自我存有」根本不能透過世界的研究方式來發

---

❶ "Alles, was für uns den Charakter des Seins hat, muß dem
Bewußtsein entweder als Gegenstand oder als Erlebnis imma-
nent sein." *Philosophie* I, S. 49/*Philosophy*, I, p. 87.

現，而必須採用對象認知以外的方式來接近。另外，形上學超越的基礎亦建立在與對象性認知截然不同的「存在照明」上。

「超越界」不僅不存於意識中，而且是在意識外與「經驗事物」截然不同的統攝者。它不是「經驗事物」、不是「意識」、更非「存在」。它超越一切有限的、相對的、和不確定的主體和客體，它是超越一切的絕對者。它並非目前無法經驗到，但在原則上有可能經驗的東西。它根本無法成爲像「經驗事物」般的對象，並且絕不像「可能存在」一樣在意識中呈顯自身。我們對它的體認完全是透過否定的方式而達到的。這也就是傳統中「否定神學」(negative Theologie) 所使用的方式：由於那絕對的超越者是無法爲我們認知和思議的，因此唯有使用否定的命題來作特徵的描述。然而，雅斯培認爲，無論從正面，或反面去描述絕對者，都會遭遇同樣的困難。說「絕對者」不是什麼與說它是什麼，同樣容易誤導，使人以爲「絕對者」是某種可以作特徵描繪的存有物。因此，雅斯培認爲這種否定方式的運用必須是「辯證式的」❺。

在雅斯培看來，上述三種超越的模式是彼此相關的。在「世界定向」中的超越，將我們的存有意識懸置於無限的可能性中。在「存在照明」中的超越，則與懸浮狀態中掌握的「存有」一起，訴諸「自我存有」(Selbstsein)的自由。形上的超越則爲「存在」召喚「存有」。三種模式的超越分別可能遭遇不同的阻力，因此唯有借助於所謂的「存在的動力」(existentielle Antriebe)。這種動力又可分爲三方面而言：(1)「世界定向」中的動力是想要

❺ *Philosophie* I, S. 51./*Philosophy*, I, p. 88.

認識世界並探究「存有本身」的欲望。⑵「存在照明」的動力，是透過世界及與他人的溝通，而尋求自我實現的願望。⑶形上追求的動力則是對「上帝」或對「絕對者」的追求❶。

這三種動力爲眞正哲學的超越追求不僅是必要的，而且是缺一不可的。三種超越模式也必須相互結合，彼此配合，才能實現眞正的自我。「世界定向」、「存在照明」以及「密碼的解讀」都是相互依存的，唯有三者同時並行，才能邁向眞正的超越。

第三節　超越思考方法的探求

以上各節的探討，分別可以讓我們了解「超越的意義」、「超越的動機」、「超越的可能性」、以及「超越的三種模式」，但似乎並未清楚討論到「如何超越」的問題。因此，本節將對雅斯培的「超越的思考方法」作一簡明的介紹。所謂「超越的思考方法」乃是一種「形式的超越」(formale Transzendieren)，這是一種思考上的超越嘗試。我們的思想基本上受到範疇及藉範疇運作而形成的知識所限定。在這種限定的思想中呈顯出來的「存有」是支離的。思想若要以「存有本身」爲目標，就得在這支離碎裂的現象背後尋求存有的統一。支離破碎的存有者是限定的，而統一完美的「存有本身」則是不限定的。思想本身既然屬於限定，因此它只能以那限定的存有物來作爲對象；而那不限定的「存有本身」既然是不限定，因此也根本不可思議。雅斯培的

---

❶ *Philosophie* I, S. 52. / *Philosophy*, I, p. 89.

「形式超越」卻是將「限定者」奠基於那「不限定者」的作法，也是思考那「不可思議者」的一種嘗試。

雅斯培認為所謂的「形式超越」必須遵循下面幾項原理❶：

第一項原理是：「我人可設想有一些不可思議的事物❶。」前面提到，「存有本身」是不限定的，因此也根本不可思議。它固然無法為我所思議，但這並不表示，我要根本放棄對它作思考的嘗試，至少我可以肯定有那麼一些不可思議的事。而且這個絕對的「存有本身」就是超越我們思考的，也是無法為我們的理智所掌握的，因此必須運用一種本身卽屬不可思議的思考，它一方面要對那明知不可思議的超越界展開思考，同時又得在這個思考中掃除一切思考的內容。這是從「可思」到「不可思」必經的超越過程。因此，思考的終極超越階段就只有揚棄自身❶。

第二項接著而來的原理是：「超越思考 遵循的方法 是辯證的。」形式超越就是在思考中求超越，去把握「存有本身」，它所使用的方法是一種「不思之思」(das Denken eines Nicht-denkens)——亦卽達到不思境界的思考。這種思考方式的進行是辯證的，而不是直線式的；是動態的，而非停滯的。這種思考要求個人保持真誠的態度，不為了自身的方便而把「超越的存有」拉進意識的內在性中，並且要在純粹不思的境界中不讓自我迷失。

❶ L. Ehrlich, *Karl Jaspers*: *Philosophy as Faith*, Amherst: University of Massachusetts Press, 1975, p. 141.

❶ "Es ist denkbar, daß es gilt, was nicht denkbar ist." *Philosophie* III, S. 38. /*Philosophy*, III, p. 35.

❶ "Das Denken kann seinen letzten transzendierenden Schritt nur in einem Sichselbstaufheben vollziehen." *Philosophie* III, S. 38. /*Philosophy*, III, p. 35.

這種思考彷彿翻觔斗，從「思」到「不思」，經常保持清新。它不只是從「概念思考」到「不可思議者」的超越，它也是那種在超越行動中揚棄自身的思考 (das sich aufhebende Denken)。這種思考既非「思」，亦非「不思」，卻是使我得到照明的「不思」。這種「自我消除的辯證法」(sich selbst vernichtende Dialektik) 是一種特殊的思考方法，它對於照明我的「存有體認」，極為重要⓴。

第三項形式超越的原理是：「形式超越卽是超越主、客」。我們在思想上所把握的存有總是一限定的存有者，而不是「眞正的存有」。卽使我能把握到某個我認為是「存有本身」的東西，但實際上它並不是「存有本身」，它只不過是一個為主體而存的客體存有者。「眞正的存有」統攝一切，也統攝主、客。它既不是主體，也不是客體，而是統攝二者的「超越存有」。這也就是我們在第三章所介紹的「統攝者」概念。

⓴ 辯證的思考方式是一種純形式的思考，它以範疇來思考，卻同時要超越範疇本身。雅斯培共區分三種辯證思考的方法：(1)、「類比思考法」，一個單獨的範疇可以絕對化，超越界在其中暫時被當作現象來思考。這種思考的辯證法可簡述如下：凡是可用來思考超越界的範疇，在作為限定的範疇時，是無法適用的；而作為不限定的範疇時，終究卻不可思議。(2)、「矛盾消除法」及「語意重複法」，由於客觀構思的範疇只是限定的，用它來思議超越界便會陷入絕對化的不安之中，因此必須採用自相矛盾的言詞 (Widerspruch)，如「無卽是有」，或語意重複的方式 (Tautologie)，如「眞理就是眞理」，來消滅範疇自身。(3)、「範疇自身界定法」：透過範疇來界定自身的方式，原屬相對的範疇變為絕對。範疇如此一來不指涉其他範疇，而指涉自身，如此消除了範疇自身的意義；但在超越思考中，範疇仍有其作用，因為它表現出「不思之思」。譬如「自因」(causa sui)——自身就是自己存有的原因，或「存有的存有」(das Sein des Seins)。Cf. *Philosophie* III, S. 39./*Philosophy* III, p. 36。

　　總之，「形式超越」在思考方法上純粹是形式的，它運用範疇與概念，但進一步卻要消滅範疇與概念的內容。它本身是一種「思想的運作」，它之所以使用一種否定的辯證方法，是因為這種方法是思想無能為力時，相對而產生的暗示，不藉這種方法便無法體認到那超越的根基❷❶。

　　雅斯培對「形式超越」的批判式反省主要是雙方面的：

　　第一，「形式超越」只是認知性的，它本身並不是我們與「超越界」關係的基礎，而只是達成這種關係的一種可能手段。它對促成這種關係並不提供保證。保證若要實現，個人的自我必須在自由中去找尋自我的基礎。對雅斯培而言，自由當中的自我若沒有「超越界」是不可思議的。這其中的理由有許多，簡言之，只要人是自由的，他不僅不依賴有限的「世界存有」(Weltsein)，而且還超越「世界存有」的限定性。同時，由於人意識到自己的有限，他也知道自己並不是自身生存的根由。依雅斯培來看，「人意識自身的自由」與「體認到自己的超越根基」是不可分的。他說：「自由與上帝不可分。為什麼呢？因為我確知：我在自由中並不透過自己而存在，卻是在自由中被贈予，因為我可以滯留在我之外，而不能強求我的自由❷❷。」

　　如果我們對自己擁有的自由愈確定，我們對作為自由最終根基的「超越界」也愈確信。康德與雅斯培的不同之處在於：康德

---

❷❶ Ehrlich, *Karl Jaspers: Philosophy as Faith*, pp. 141-143.

❷❷ "Freiheit und Gott sind untrennbar. Warum? Ich bin mir gewiß: in meiner Freiheit bin ich nicht durch mich selbst, sondern werde mir in ihr geschenkt, denn ich kann mir ausbleiben und mein Freisein nicht erzwingen." Karl Jaspers, *Einführung in die Philosophie*, S. 36.

把人與上帝的關係從理論上證明上帝，轉移到理性道德實踐的實際關懷，雅斯培卻把人與超越界的關係視爲一種根本的「存在關懷」。「形式超越」由於根本上不是歷史性的，它的不足之處必須由「存在的關懷」來加以補足成全，而後者也需要前者所提供方法的程序來完成超越。「存在」與「超越界」的關係比「形式超越」來得更直接而具體。

　　第二，「形式超越」的意義，就在這種對「存在」與「超越界」關係的思考上顯示出來。「形式超越」若沒有對自由根基的關懷，它根本是空洞的。可是，依雅斯培之見，「存在」與「超越界」的關係若沒有「形式思考」辯證的嚴密性，卻根本無關緊要。譬如，雅斯培曾論及「存在」與「超越界」的關係，有兩種形式，即「抗拒」與「順服」：

　　　　根本不要這樣想：神讓事情照著某種方式進行，只是因爲非如此便沒有意義；或者認爲這個高貴的生命、這種善意、這種對最好的追求都不可能白費；或者認爲某種事情是我應得的，便可以期盼，某種事不該輪到我，便不須要害怕；這一切造成了我在立場上的混淆。我或者爲了一窺「天意」(Vorsehung) 所從出的「眞實存有」，而向著那無法觸及的領域邁進；或者，不管我的想法如何公正，我總是不知不覺地想左右『天意』，甚至想強制改變它。在這種思考方式中，有一種想要左右神明的純化法術或願望，它不是靠魔術，而是靠我的存有與行動。㉓

　　我們可以理解，當思想達到相當成熟的階段，就會對人與萬

㉓ *Philosophie* III, S. 82. / *Philosophy* III, p. 73.

物終極基礎的關係加以探討。我們提出來的問題是：在這種關係上，我們所指的究竟是怎樣的對象？當我們確信這個基礎時，我們所確定的是怎樣的眞理？這個眞理有怎樣的意義？我們又如何來確定這個意義？我們又要如何來了解它？要怎樣的溝通方式才適合傳達它？上述這些問題都是透過超越方法的「形式思考」提出來的，而就在這種純眞的思考中表現出「存在」與「超越界」的關係。「存在」與「超越界」的關係若沒有顧慮到限定思考範圍的「形式批判」——這是思想中固有的不變潛能，便會墜入虛無主義之中。「存在」若要眞正和「超越界」發生關係，就必須在「形式超越」的方法光照下來理解並作反應。「形式超越」所可能具有的積極性意義，照雅斯培的講法是這樣子的：

> 形式超越爲超越界的密碼語言保留餘地，因此藉著系統的認知而阻止了超越界的實質化。我們都想把上帝當作某種形象來想像，或把祂當作對象來思考，並不想讓這些形象或概念對象消失而成爲純粹的象徵。我們尤其會把上帝視爲一位具有完美智慧、又仁慈、有意志、又能計畫、兼指引人的位格神，而這裏把神當作有限事物來設想的作法卻幾乎是不可避免的。但這種想法只能是一種象徵，它本身只是一種幻滅的意象，而應該在超越的思考中加以揚棄。㉔

由於「形式超越」的思考方法並無法單獨完成超越的目標，而且在思考的努力上，它也僅能讓我們肯定有這樣的「超越界」，

㉔ *Philosophie* III, S. 66. / *Philosophy* III, p. 59.

而無法告訴我們它是什麼，因此它本身並不是一種自足的超越方法，它只是邁向「超越」的必要條件。如果要想使「超越」的行動圓滿，「形式超越」不僅要借助於「存在」來提供動力，同時還需要有對「存在」基礎──「超越界」的關懷，再加上「超越界」藉以開顯自身的「密碼」，才有可能在「存在」的實現中步向「超越」。而有關「存在」與「超越」之間的明確關係，還有待我們更進一步的闡明。

第五章 「存在」與「超越」

「在神話語言中所稱的『靈魂』與『上帝』，用哲學術語來
說則是『存在』與『超越界』，二者都不屬於這個世界。以世界
上事物的意義來看，二者皆不可知。二者都具有與世上之物不同
的存有樣態，它們雖不可知，卻不必是無。雖然無法認知，但並
不表示它們不可被思及❶。」雅斯培這段話明白表示哲學必須對
神學領域內的主題加以關懷、探討、反省和思考。在神學領域內
的這兩項主題：「靈魂」與「上帝」，被雅斯培搬到哲學範圍內
來探討，由於思考方式及探討角度的不同，因此有必要賦予它們
不同的名稱：「存在」(Existenz)與「超越界」(Transzendenz)。
二者都屬於「統攝者」模式中超越的模式，都無法為我們理智所
認知，因此我們對它們的掌握都是透過哲學的照明方式來進行。

就「存在」而言，所謂「存在照明」(Existenzerhellung)是
指個人透過哲學思考的努力去掌握真實「自我存有」(Ichsein)的

---

❶ "Was in mythischer Ausdrucksweise Seele und Gott heißt, in
philosophischer Sprache Existenz und Transzendenz, ist nicht
Welt. Sie sind nicht im selben Sinne wie die Dinge in der
Welt als Wißbarkeiten, aber sie könnten auf andere Weise
sein. Sie wären, obgleich nicht gewußt, nicht nichts und
würden, wenn nicht erkannt, so doch gedacht." *Philosophie*
II, S. 1. /*Philosophy*, II, p. 3.

過程。這種「照明」的行動不同於對象事物的認識，因為「存在」無論如何都不可能成為客觀的對象，它是「存在」對自身產生的意識，換言之，就是要成為自己本身(sich selbst werden)，或意識到自我本身 (sich selbst bewußt werden)、或弄清自己 (sich gewiß werden)。存在照明的目標是要從對象性的事物超越到非對象性的領域內，讓「可能的存在」(mögliche Existenz)覺醒，實現真實的自我──或「存在」。

由此可以看出，「存在」實現的歷程其實就是個人自我不斷尋求超越的過程。哲學追求的目標是為實現「存在」，同時也是為達到「超越」。「存在」與「超越」二者實難劃分孰先孰後，它們應該是同時完成的。雅斯培的「超越之路」實際上是由「理性」加上「存在」所完成的路子，必須同時揮動雙翼──即「理性」與「存在」，才能飛越上去。雙翼若缺了一翼便不可能超昇。但在理論實際的構作時，卻不得不將二者分開來分別探討。前面所提到的「形式超越」乃是就理性方面思考所作的努力。而我們若要對「存在」獲得了悟，則必須透過「存在照明」(Existenzerhellung) 的方式，其中包括：㈠「存在」與「溝通」、㈡「存在」與「歷史性」、㈢「存在」與「自由」、㈣「存在」與「界限處境」、㈤「存在」與「超越界」。

第一節　「存在」與「溝通」

「溝通」(Kommunikation) 是雅斯培存在哲學中極重要的一環，也是完成「存在照明」不可少的要件。人與人之間的交往

有許多種形式，但總是企盼能達到真正的溝通，這種溝通被雅斯培稱作「存在的溝通」 (existentielle Kommunikation)，其實也就是個人真實自我之間的溝通。人之所以期盼這種真正溝通的原因，主要是在一般的人際交往中充滿了虛偽或偽裝，即使維持著表面的和諧，卻從來不以真實的自我相待。因此對當前溝通的形式感到不滿，乃是我尋求真正溝通的動機。雅斯培說：「溝通是存在的根源……正如同溝通破裂時，我會感到愧疚與苦惱，而當溝通一旦實現時，我又覺得不是我應得的，甚至覺得不可思議❷。」

在面對「溝通」這個概念時，我們首先會遭遇的問題是：為何要溝通？ 難道我不能靠自己而獨自生存？ 從經驗的角度來觀察，人是社會生物，無法脫離羣體生活，他的一切生活需要都得透過彼此的交往互動來滿足。然而對雅斯培而言，溝通乃是出自人內心深處的需要，也就是尋求自我的需要，人無法自滿於停留在「經驗事物」的層次，他必須努力去實現自己真實的「存在」。然而，「存在」無法在孤立的情況下來實現，而「自我」也必須透過與其他自我間的溝通才能發現。換言之，沒有真實的溝通，也就不可能有真正自我的實現；而真正的溝通，也就是真實自我間的「存在溝通」，這種溝通也是「自我存有」 (Selbstsein) 的根源。所以雅斯培說：「『自我』與作為『自我存有』前提的

---

❷ "Kommunikation ist Existenzursprung;.... Wenn bei abgebrochener und nicht entwickelter Kommunikation sich Schuldgefühle aufdrängen, so erfüllt mich in der Verwirklichung der Kommunikation auch das Bewußtsein des Unverdienten als des unbegreiflich Gewordenen und Geschenkten." *Philosophie* II, S. 60. / *Philosophiy* II, p. 55.

『溝通』乃是我們在一切『存在照明』的根本思考中所要探討的
主題❸。」

溝通的必要性可以從它與眞實「存在」實現之間的密切關係
上很容易看出來。但接著而來的問題卻不太容易答覆，這也就是
「溝通如何可能」的問題。這個問題眞正要問的也就是：「我們
如何可能達到眞正的溝通？」在日常生活之中，我們觀察得到溝
通在羣體關係中以不同的方式進行，它的詳情、動機及影響都可
以分辨觀察到。然而，雅斯培所說的「眞正的溝通」(die wahre
Kommunikation) 卻不是在經驗上可觀察得到的，它只有透過哲
學的思考來照明。

在「經驗事物」層面上的溝通並不是眞正的溝通。在最初的
階段，我尙未意識到自己，卽使我生活在社會羣體中，有與別人
交往的形式，但都不算是溝通。而當我意識到自我之後，獨立的
「我」被分離了出來，這個「我」可以照某種客觀思想內容來了
解另一個「我」，也可能把每一個其他的「我」當作一個「東
西」來看待；由於在這個階段，並未發展出一種位格間的關係
(eine persönliche Beziehung)，因此，也不能算是眞正的溝通。
但我並不只是可經驗到的生命體、也不只是意識自身，我還是具
有整體理念的精神。在整體理念中的社會羣體——如國家、社
會、家庭、大學等——首度使我置身於有實質內容的溝通之中。
但卽使在這種溝通之中，我並不是眞正的自我。因爲在這種方式

---

❸ "'Ich selbst' und das Selbstsein als nur in 'Kommunikation'
seiend werden in den für alle Existenzerhellung fundamentalen
Gedanken zu treffen gesucht." *Philosophie* II, S. 9. / *Philosophy*,
II, p. 9.

下，我的自我與別的自我並無法培養出一種旁人無法取代的絕對
親近。

　　上述各種形式的溝通都給我帶來某種滿足，但沒有一種是絕
對的滿足。當我了解這些溝通的特質和其限制，我便感到一種不
足。而對溝通的現狀感到不足乃是通往「存在」突破的根源，也
是照明這種突破的哲學思維的起源，就像一切哲學思維都起自
「驚異」(Staunen)，對世界的認知起自「懷疑」(Zweifel)，存在
照明則起自對溝通「不滿的經驗」(Erfahrung des Ungenügens)
❹。這種經驗是我從事哲學反省的出發點，在這種反省中，我了
解：若要成就自我，我需要另一個旁人無法取代的「自我」來與
我溝通。這也就是「存在的溝通」。

　　在「存在的溝通」中，這另一個「自我」是獨一無二的。而
「存在的溝通」是既無法預作安排，也無法模仿，每一次的溝通
都是獨特的。它在兩個無法由第三者取代的「自我」之間發生。
「存在的溝通」是歷史性的——指在時間中發生，而且也是無法
從外在來辨認的，但它卻是我們要想確切掌握「自我」唯一憑藉
的途徑。在意識自身中的溝通和基於傳統的溝通都有其必要性，
因為沒有這些溝通，我便會陷入無意識之中；但這些溝通並不是
「存在的溝通」，因為「存在的溝通」就像我們自身的自由一
樣，其必要性是絕對少不了的。沒有這種溝通，我就好比失去了
自由，根本失去了自我；而我若逃避這種溝通，我不僅背叛了別
人，也背叛了自己。

　　對「存在溝通」的哲學照明，也就是對如何達到真正的溝通

---

❹ Karl Jaspers, *Einführung in die Philosophie*, München: R. Piper, 1971, p. 21.

作哲學思考。這種思考要求我自己開放心胸要求我自己無條件接受已經建立起來的溝通關係。開放心胸雖然在溝通上是相當冒險的事，我冒著犧牲當前穩定的現狀去獲取我可能的「存在」，但這卻是我實現自我的唯一方式。這種開放的自我實現過程並不發生在孤立的「存在」身上，它只有與別的「存在」一起才發生。這種在溝通上自我開放的過程是一種獨特的掙扎，雅斯培把它稱為「愛的掙扎」(liebender Kampf):

> 在這種溝通中的愛，並不是盲目不擇對象的愛，而是擦亮了眼、奮不顧身的愛。它是一個「可能的存在」與另一個「可能的存在」相互間的交往；質疑、設難、挑戰。這種溝通中的掙扎是個人同時為自己的「存在」，也為著對方的「存在」而奮鬥。在「經驗事物」的層次，容許使用任何武器，動用心機和要詐成了不可避免的，而且把對方當做「異己」的敵人；可是「存在」的掙扎卻完全不一樣。它要求完全的坦誠開放、放棄任何權勢與優越感，並且關心別人的自我實現如同關心自己一樣。在這種掙扎中，雙方都願意毫不保留地將自身顯示出來，並容許對方向自己質疑。❺

這種「愛的掙扎」還有許多的特徵，我們僅能略述其一、二。譬如溝通的雙方都不以佔上風或爭勝為目標，這種掙扎不是雙方一起贏，便是一起輸。它不是一場「存在」與「存在」之間的鬥爭，它是雙方共同為真理而向自身與對方宣戰，它不斷地提

---

❺ *Philosophie* II, S.65/*Philosophy*, II, p.59.

出問題，也不斷地要求答覆。這種無限制的答覆對眞正的溝通是最根本的。因此，「存在的溝通」也就是一種「無限制的溝通」。「愛的掙扎」在不斷溝通的努力中並不將「存在」與「存在」分離，它卻是通往「存在」間眞正結合的途徑。

對雅斯培而言，「愛」還不是溝通，但它是溝通的泉源與光照。彼此相隸屬的和諧使我們感覺到有某種無條件的東西作爲溝通的前提，沒有它，「愛的掙扎」也不可能，愛並且是獨特的，統攝一切的，在愛中我們實現了眞正的自我，愛的源頭並不在這個世上，對愛的經驗是個超越人的奧秘，但只有這樣，愛才使人實現眞正的自我。由於愛意識到自己是別有源頭，雅斯培把這種愛稱之爲「形上之愛」(metaphysische Liebe)❻。這可說是「存在」在超越中最深刻的接觸，也是在永恆中與存有根源重新的團聚。

「愛」雖然不等於「溝通」，可是二者間的關係卻是極爲密切的。溝通並不一定造就愛，但任何的愛都必須經過溝通的考驗。沒有「存在的溝通」，任何的愛都變得可疑。當愛在毫無保留，完全自願承諾的溝通中實現時，是根本無法毀滅的。只要愛是眞實的，溝通就不會停止，只是要不斷地改變它的形式。「愛是在溝通中自我實現的實質根源，它所促成的自我實現乃是愛不斷呈顯自身的動態過程，它卻無法促成終極完美的自我存有❼。」

另外，溝通和理性以及眞理之間也有極密切不可分的關係。雅斯培曾說：「理性要求無限制的溝通，它本身就是普遍的溝通

---

❻ Karl Jaspers, *Kleine Schule des Philosophischen Denken*, München: R. Piper. 1974, S. 149.
❼ *Philosophie* II, S. 73. /*Philosophy*, II, p. 66.

意志 (totale Kommunikationswille)。因為在時間中，我們無法擁有客觀而永恆的真理，並且在經驗事物的層次，人必須依賴他人而存，而『存在』也必須與其他的『存在』一起才能實現，因此溝通是真理在時間中所依賴呈顯的形式❽。」對雅斯培而言，每個人都應當努力去尋求溝通。相信人與人之間有溝通的可能，乃是一種哲學的信仰。雖然這種信仰與相信來世的信仰不一樣，可是除非我們真正相信人與人之間有真誠溝通的可能性，我們便無法透過這種溝通找尋到通往真理之路，更無法達到終極實現真實自我的目標。

第二節 「存在」與「歷史性」

由於無論是「自我存有」，或「存在的溝通」，都無法從現實的處境中能脫離開來，我對自己而言，是處於獨特的處境之中，我只一次出現於此時此地，因此我承擔著自我的「歷史性」(Geschichtlichkeit)。對雅斯培而言，「存在」無法作為對象，它本身也沒有顯現的模式，但它每次的呈顯必然根植於某一獨特的處境中，並且與某項特殊的使命有關。「歷史性」的意義主要在指出：我們無法脫離世界或自外於歷史而生存。同樣，為實現真正自我或「存在」，也無法脫離歷史的處境，環境固然為「存在」的實現會造成一些阻力，但沒有這種阻力，「存在」卻無法實現；就如空氣會對飛翔產生阻力，可是小鳥卻非藉著空氣中的

---

❽ Karl Jaspers, *The Perennial Scope of Philosophy*, London: Routledge & Kegan Paul, 1950, p. 48.

阻力無法在空中翱翔❾。

我只有透過「經驗事物」，才能把握自我與超越界。這種我的「自我」與「可從經驗現象層面觀察到的我」之統一，就是我的「歷史性」，而對這種歷史性的體認就是「歷史性意識」(geschichtliches Bewußtsein)❿。歷史性意識絕不是有關歷史的知識，它是指對「我人無法重複兩次被投擲於同樣的歷史性處境中而生存」的現實性體認。自我存有也好，存在的溝通也好，都不是非歷史性、或超現實性的。我一方面背負著我自身的歷史性，另一方面又與其他同樣具有歷史性的自我，在「存在的溝通」之中，意識到我自己。「存在」的「歷史性」表現出下列弔詭的統一：

首先，歷史性是「經驗事物」(Dasein)與「存在」(Existenz)的結合。我的「存在」基本上繫於「經驗事物」層面的我，而後者又離不開歷史的處境。歷史性同時表現出人在時間中的存有所附著的限制與深沉向度；它代表了個人的統一，代表了經驗世界內個人的「存在」⓫。歷史性意識使「經驗事物」對個人的自我實現變得極為重要，但在同時它在超越界之前，又變得一文不值。歷史性意識便處於這種一方面重要，一方面無關緊要的張力僵持之中。

第二、歷史性包含了「自由」與「必然性」的結合。「一方

---

❾ 參照 *Philosophie* II, S.125. / *Philosophy*, II, p.110.

❿ 參照 *Philosophie* II, S.121. / *Philosophy*, II, p.106.

⓫ Kurt Hoffman, "The Basic Concepts of Jaspers' Philosophy", in Paul Schilpp ed., *The Philosophy of Karl Jaspers*, pp. 101-102.

面， 那已經作成的決定似乎不免使我覺得受到了限定； 另一方
面，那可以抉擇的機會又使我覺得自己在根本上是自由的⑫ 。」
「經驗事物」作爲呈顯出來的東西是屬於必然性系列的限定，但
「存在」則以自由的可能性來突破這種必然的限定。如果我確定
我的「存在」，我就不把我自己當作純經驗呈顯的事物；我的存
有對我而言， 就是抉擇的可能性 。 抉擇的可能性本來就只屬於
「存在」。作爲根源，我是自由的，但我的自由總還是受到環境
的限制，我無法重頭開始，因此我仍是歷史性的。而最後我必須
承認，我早已享有賦予給我的自由。

　　第三、歷史性是「時間」與「永恆」的合一。「存在」既非
純粹無時間性的事物，亦非純時間性的東西，它是擔負過去，並
含蘊未來的當下這一刹那間的充實。在這個刹那之間可以使我體
會到永恆的眞理， 可使我體認到那在各個時代都有同樣重大意
義的事件──譬如基督宗教。這個結合時間與永恆的刹那 (der
Augenblick als die Identität von Zeitlichkeit und Zeitlosig-
keit)，被雅斯培稱爲「永恆的現在」(ewige Gegenwart) ⑬ 。
「存在」只有在這種歷史性的深處才能與其他的「存在」溝通，
然而當這種溝通的關係斷絕時，才有可能面對超越界。所謂「永

---

⑫ "Durch das Entschiedene erscheine ich mir unausweichlich
bestimmt, durch die Möglichkeit eigener Entscheidung
erscheine ich mir ursprünglich frei." *Philosophie* II, S. 125. /
Philosophy, II, p. 109.

⑬ "Der Augenblick als die Identität von Zeitlichkeit und
Zeitlosigkeit ist die Vertiefung des faktischen Augenblicks zur
ewigen Gegenwart." *Philosophie* II, S. 126. / *Philosophy*, II,
p. 111.

恆的現在」指的正是「存在」作最後抉擇的那一瞬間，而透過抉擇所造成的後果也是永恆的。

第四、眞理本身也具有歷史性。這種看法與那聲稱「眞理是普遍、永恆、整體」的說法相對。對雅斯培而言，哲學思想如若爲眞，必可助長溝通；而推論的思考顯然永遠達不到一種對「存有」普遍眞確的認識，最多只能獲致對「存有」的一種看法而已。眞理的歷史性代表一種認識上的限制，也代表個人在獲取知識時的片面性。一種思想是否爲眞是無法與思想者分開的，因爲思想者所處的時代背景與環境可以決定他對「存有」的洞見是否細密而深刻，顯然，以如此方式來了解的哲學眞理是不同於科學眞理的。哲學的眞理是像齊克果所說的「我可以爲之生，也可以爲之死的眞理」，這也是經主體認同的眞理，或「存在的眞理」。在這個層次上，並沒有與客體對應的問題，也沒有普遍眞確的可能。「爲存在照明並沒有任何客觀眞理的判準。……每一『存在』都是獨特的、不可重複的、不可替換的。因此，甚至在『存在』的層次，並不保證那經證明爲這一個『存在』爲眞的概念澄清說明，爲另一『存在』也同樣爲眞**⓮**。」眞理或許終究爲一，然而這種統一性並不直接呈顯出來，「存在的眞理」基於行動更甚於根據內容。這種眞理實際上已是一種哲學的信仰——是「存在」對自身與超越界關係的體認。

結合「經驗事物」與「自我存有」的歷史性，有可能讓我們

⓮ R.F. Grabau, "Karl Jaspers: Communication through Transcendence" in *Existential Philosophers*: *Kierkegaard to Merleau-Ponty*, ed. by G.A. Schrader, Jr. New York: McGraw-Hill, 1967, p. 129.

誤入歧途。如果我只注重「經驗事物」的層面，而不管自我的實現，我就有可能犧牲獨立的存有意識並喪失自我，我自己也不過是幻滅無常的。另一方面，如果我追求自我實現，而忽略了「經驗事物」的層面，我就只能否定一切，到最後，除了否定行動本身外，什麼都不存留，我自己變成了虛無⑮。因此，為避免步入歧途，我們必須具備有「歷史性意識」，這也是個人為了達到自我意識的覺醒所表現出的一種新的處世態度。「歷史性意識」乃是「存在」實現的必要條件，而「歷史性」對「存在」的積極意義便是讓我們了解：「世界的現實是無法逃避的。現實殘酷的經驗是唯一能讓個人發現其自我的方式。在世上扮演積極的角色——即使這是一個根本不可能達到的理想目標——仍是個人要成就自我的必要先決條件⑯。」

第三節　「存在」與「自由」

對雅斯培而言，「存在」意指一種「可能性」(Möglichkeit)，這種可能性也就是「自由」(Freiheit)。雅斯培曾說：「一般事物只是可經驗到在那裏而已，而『存在』則就只是自由⑰。」自

---

⑮ *Philosophie*, II, S. 142. /*Philosophy*, II, p. 124.

⑯ Karl Jaspers, *Man in the Modern Age*, translated by Eden and Cedar Paul, New York: Doubleday & Company, 1957, p. 197. 或請參閱拙譯，《當代的精神處境》，臺北，聯經，民國74年，頁160。

⑰ "Dasein ist empirisch da, Existenz nur als Freiheit." *Philosophie* II, S. 2. /*Philosophy*, II, p. 4.

由並不是哲學思考的目標，而是它的根源，當我經過哲學的反省而面對自我時，我便超越了一切而回到了這個根源。在雅斯培看來，「存在」不斷面臨有與無的抉擇，而我只有在眞誠的抉擇中才「存在」。因此，要探討「存在」必須從「自由」的問題著手。

「存在」與「自由」對雅斯培是可互相替換的概念❸。如果我們把「存在」與「自由」當作一體之兩面，那麼二者都同樣無法下定義。在我們探討「自由」的問題時，首先遭遇的問題是：究竟有沒有自由？而除非我先肯定我擁有自由或我有可能擁有自由，我才可能進一步探求「自由是什麼？」的問題。對雅斯培而言，或者我根本沒有自由，或者在我提出有關自由的問題時就已經預設了自由。雅斯培說：「我自己如果沒有自由的可能，我就無法提出自由的問題。……使我提出這種問題的是根本上想擁有自由的意志，因此我的自由先於我對自由的質疑。我不可能在證明有自由之後，才希望擁有它。我希求自由是因爲我已經意識到自由的可能性❸。」換言之，自由不僅是我進行質疑和探求行動的必要條件，而且它本身就是一項自明的事實。

對自由的意識並不是一種推論，而是一種體驗，那有關自由的論證並不證明，而只是作一種肯定和確認。眞正能證明自由的並不是我認知上的洞見，而是我的行動。自由既已得到了確認，可是我們仍然不知道「自由究竟是什麼」。「自由」與「存在」都無法當做認識的對象，因此我們也無法直接來講述「自由」是

---

❸ 同註❶，p. 100。

❸ 參閱 *Philosophie* II, S. 176. / *Philosophy*, II, p. 155.

什麼。「自由無法認知也無法當作對象來思考，這一事實卻是自由照明的起點與終點。我確定我有自由，並不是透過思考，而是透過『存在』，不是透過觀察與探求，而是透過行動⑳。」雖然如此，我們還是可以借助一些標記來辨認自由的臨在。

第一、在某種意義上，自由可說是存於「認知」(Wissen)當中。認知當然不與自由等同，可是自由卻少不了認知。自由其實是指抉擇的可能性，但如果我對自己的可能性沒有一點認知，我便無從作選擇。我的認知若受到限制，相對的，我的選擇也受到限制。譬如一位大學畢業生，如果根本不知道那裏有就業的機會，他可以說是絲毫沒有選擇職業的自由。所以雅斯培說：「知識並不使我得到自由，可是沒有知識，就不可能擁有自由㉑。」我若愈能擴大自己對世界的認知，或愈發掘自己潛在的能力並體察各種機會，我就愈自由。

第二、自由又包含了「隨意」(Willkur)的成分。它可以說是自我的一種自發性，使得我的抉擇無從預測。抉擇無法以機械式的過程如擲銅板的方式來替代，因為究竟採用什麼方式還得經過選擇，我們也不能說，我們的選擇是受制於最強烈的動機，除非我們願意毫不保留地承認那促使我們作決定的總是最強烈的動機。「隨意」或「自發性」雖然並不等於「自由」，可是卻是自由不可少的條件之一。

第三、在較高一層的意義上，自由可以視同為「法則」

---

⑳　參閱 *Philosophie* II, S. 185. /*Philosophy*, p. 162.

㉑　"Ich bin im Wissen noch nicht frei, aber ohne Wissen ist keine Freiheit." *Philosophie* II, S. 177. /*Philosophy*, II, p. 156.

(Gesetz)，這是自律或規範意義上的自由。法則上的自由是意志自律性、主動性的自由，與認知的被動性自由截然不同。依康德的看法，當我生活所依據的律令是出自我自己的要求時，我在道德的層次上便是自由的。要在道德上保持自由意指不計一切代價來保持自律、不在自己以外去尋求最終的裁決、並且在我自己獨特的處境中按照自己認爲對的去做。換言之，我只接受那些發自自我深處，而被我認爲是自明的規範㉒。對雅斯培而言，當我遵循一項我認爲具有約束力的法則時，我是自由的，因爲我是對我在自我內發現的一項律令屈服，而事實上我也可以不屈服的。這種法則或律令並是一種我非要隸屬而無法逃避的自然必然性，它是我可以遵從，也可以不遵從的行動規範之必然性。這樣的規範爲我的自我所認同，我把它們當作自明的眞理。雖然這些規範的眞確形式是普遍的，但經我的認同後，它們變成最具體不過的。雅斯培把這種因遵循規範或法則而發現的自我之自由稱爲「超越的自由」(Transzendentale Freiheit)㉓。它包含前述認知的自由和隨意的自由。沒有前述兩種自由，就沒有眞正的自由；同樣的，沒有法則，也沒有自由。

第四、「抉擇」(Wahl) 的自由。由於認知永遠不夠完備，而反省也永遠完成不了它的使命，那作爲「存在」的個人卻經常受到時間以及事件變遷的影響而打斷了反省，並且在認知不足的基礎上作成了決定。抉擇並不是動機衝突的結果，也不是理性算

㉒ 參閱 C.F. Wallraff, *Karl Jaspers: An Introduction to His Philosophy*, New Jersey: Princeton University Press, 1970, p. 111.

㉓ 參閱 *Philosophie* II, p. 178. / *Philosophy*, II, p. 157.

計的成果，更不是對法則自動的遵循。它是我自我最深處確定而
明白的表現。雅斯培把這種抉擇的自由作了一番特徵的描繪：

> 它在客觀上是無法理解的，但我自己卻意識到它是一個自
> 由的根源……在這種自由中，我直接對我自己負責，而別
> 人從外面觀察，卻認爲我只要對實際的行動負責。「抉擇」
> (Wahl) 一詞意指：我透過「自由的決定」(freie Ent-
> scheidung) 不僅意識到自己對周遭世界的改變，而且也
> 意識到自己不斷地在自己的歷史處境中創造自我。並不因
> 爲我在此並有如此的本質，我就得依某種方式來行動。而
> 是當我行動並決定時，我同時是我行動和我眞正自我的根
> 源。我的決斷使我體會到一種自由，在這種自由中我不僅
> 對外在的事情作決定，而且也對最深刻的自我作決定。我
> 與我的抉擇已無法再區分開來，因爲我與這個自由的抉擇
> 已經合而爲一。……自由就是自我的抉擇。……只要我抉
> 擇，就有我在；我若不在，也無從抉擇。㉔

　　抉擇的自由其實就是「存在的自由」(existentielle Freiheit)。
它是從個別的現實狀況中來選擇或決定自我存有，其他所有的自
由——包括認知、隨意、法則等的自由——都只是達到「存在的
自由」之前提，只有達到這種自由，我們的自由意識才能充實，
透過這種自由，作爲「存在」的個人才能和「超越界」發生關
係。

㉔ 參閱 *Philosophie* II, S. 182. / *Philosophy*, II, pp. 159-160.

對雅斯培而言，自由和超越界有不可分割的關係。他曾說:
「我自己很確定: 在自由中，我並非透過自身而存在，而是被交
付給自己，因爲我可能喪失自我，卻無法強迫自己的自由。」㉕
眞正的自我會有這樣的體認，即我並非透過自身而在。在不受世
界羈絆當中，我體會到最高度的自由，這種自由是一種與超越界
之間深刻的聯繫。存在的眞正意義卽是自由，而這自由的根源卽
是超越界或上帝。對上帝的信仰其實是吾人自由的保證，因爲否
定上帝就等於否定自由。沙特否定上帝，卻認定人有自由的說
法，雅斯培是極力反對的。在他看來，相信卽使沒有上帝，人也
有自由，這種作法無異把人神化㉖。這種沒有上帝的自由根本是
虛妄的、武斷的。認爲我是透過我自己而存在，無異是一種自
欺，把自由變成了無助與空洞。人不該向世上的有形之物，權威
或權勢屈服，而放棄自己的自由，人得對自己負責，尤其不應該
假裝爲自由而放棄自由。人應該把自己的抉擇和自己所選擇的路
子，都操縱在自己的手中。

第四節 「存在」與「界限處境」

對雅斯培而言，「處境」 (Situation) 基本上是屬經驗的層
次，它包括了日常經驗中的物理層面和心理層面。作爲「存在」

㉕ "Ich bin mir gewiß, in meiner Freiheit bin ich durch mich
selbst, sondern werde mir ihr geschenkt, denn ich kann mir
ausbleiben und mein Freisein nicht erzwingen." Karl Jaspers,
Einführung in die Philosophie, S. 36.

㉖ Cf. *Ibid*.

的人總是得存於某一特殊的處境中，而且一旦離開了某一處境，就立卽進入另一處境之中。在這些處境中，某些處境是我們可以加以改造或轉變的， 但也有某些處境——譬如， 我於某特定時間、地點出生於某一個家庭之中——卻是無法改變的。

這種非我們能力所可改變的處境， 雅斯培稱之爲「界限處境」 (Grenzsituation)，包括了死亡、痛苦、掙扎、罪惡感。這些都是所有人類無法逃避的共同處境。它們只有在出現的樣態和方式上有差別。它們就像一道阻止我們行動而終究讓我們感到挫敗的牆。這些處境我們不但無法排除於經驗之外，它們還隨時可能發生在我們身上。

在「經驗事物」的層次，我們只要閉上眼睛便可逃避界限處境。我們在世上藉擴充的手段來保存自己，但到最後我們遭遇這種處境，除了屈服，還是無能爲力。因此，對於界限處境我們有意義的反應方式，並不是去計畫和算計如何克服這些處境，而是以不同的行動來成就我們潛在的「存在」；我們透過清楚的意識面對界限處境而成就自我。我們對界限處境的認識僅限於外在，而這些處境的實在只能由「存在」來體認。照雅斯培的看法， 對界限處境的體驗和「存在」是同樣一回事[27]。「界限處境」可以說同時具有雙重功能： 一方面它是內在我們意識經驗中最通常的現象，一方面它把經驗的層次朝向超越界的實在開放[28]。

「界限處境」會改變我們對「存有」的體認，從而使我們實

---

[27] "Grenzsituationen erfahren und Existieren ist dasselbe." *Philosophie* II, S. 204./*Philosophy*, II, p. 179.

[28] Oswald O. Schrag, *Existence, Existenz, and Transzendence*, Pittsburgh: Duquesne University Press, 1971, p. 164.

現自我。這是一種「躍昇」(Sprung) 的過程： 我們面對界限處
境若是不能躍昇時，多少會感到困惑與絕望，但我們也可能以歷
史性、獨特的、非可替換的方式來躍至「存在」。界限處境所扮
演的是某種內在性的事卻已經指向超越的角色。根據雅斯培，在
界限處境中從「經驗事物」到「存在」的躍昇可區分爲三個步驟
❷ :

　　第一、由於一切事物的變幻無常，使我從世上的經驗事物躍
至「普遍認知者的實質孤寂」(substantiellen Einsamkeit des
universal Wissenden)。 我在世界上，但我可以面對一切事情。
我不願加入世界的紛亂擾攘中，我可以做到同時入乎其內，又出
乎其外。我甚至可以把自己當做一個陌生人來面對。這種對「自
我存有」的克服發生在絕對的孤寂當中，世上發生的任何事情都
是可疑的，一切事情包括我自己在內都是變幻無常的；但同時我
又站在世界之外來冷眼觀察這個世界。

　　第二、由於我終究脫離不開這個讓我遭遇挫敗的世界，使我
從對事物的思考躍至「可能存在的照明」(Erhellen moġlicher
Existenz)。 因爲經由第一步的躍昇躍至世界之外， 我卻發現自
己仍然離不開「經驗事物」的層次，我作爲一個關心實在的「可
能存在」仍然離不開具體的處境。我總是在某種特殊的處境中並
且絕對不是純粹可能性的集合，這種事實也是一種界限處境。作
爲「可能的存在」，我必須採取第二步的躍昇；從自我存有認知
的孤寂躍至對「可能存在」的意識，以照明那並非很明顯的界限
處境。

---

　　❷ *Philosophie* II, S.204-208./*Philosophy*, II, pp.179-182.

第三、從經驗層次的「可能存在」躍至「界限處境中的眞正存在」(wirkliche Existenz in Grenzsituationen)。在這種躍昇之後，我的生命似乎與我單純地在那兒不一樣。我的「自我」已經具有新的意義。「存在」的躍昇並不像生命的成長一樣，是遵循一些可以讓人觀察到的法則；它是使我從「以前」到「此後」的有意識內在行動。這種躍昇源自於我自己身上，因而我也知道我早已經在這個源頭中。從我的「自我存有」的可能性，這種躍昇將我帶到現實並使我體認我自己塑造的自我。

這三種躍昇是彼此相關連的，但它們並不像只是同一方向超昇的系列。它們彼此交互地發生。當它們喪失相互間的關係時，每一種躍昇都會誤入歧途。

「界限處境」對我們每個人都是一項重大考驗：我們若從「經驗事物」的層次去看，「界限處境」帶給我們的是空無，界限卽表示在界限那一邊沒有任何東西。但是我們若躍昇至「存在」的層次，界限則表示超越了界限那一邊遭遇到的才是眞正的存有，這也就是「超越界」。另外，雅斯培分別舉出了四種特殊的界限處境，卽死亡 (Tod)、痛苦 (Leiden)、掙扎 (Kampf)、與罪惡感 (Schuld)。客觀事實的死亡並不算是界限處境中的死亡，只有對自己親人的死亡或對自己的死亡感受到存在上的不安時，死亡才達到界限處境。痛苦的情形也是一樣，只有肉體的痛苦或遭受到疾病的折磨，都還不是界限處境裏的痛苦。只有在我們把別人的痛苦當作自己的痛苦來分擔，與別人共同承受痛苦時，這樣的痛苦會喚醒我們的「存在」而走向超越。至於「掙扎」，只有爲了「存在」的目的而作的「愛的掙扎」(liebender Kampf) 才能進入界限處境。任何人若是能經常要求自己保持一

顯清明的良心並避免道德上的罪惡，他對上述的死亡、痛苦、和
掙扎，或許比較容易承受。但卽使一位道德上無疵可議的人，願
意不計一切代價只爲追求善，免不了還是會遭遇挫敗。罪惡感是
逃避不了的。「世上的每一行動都會造成一些行動者事先預料不
到的後果。卽使行動者從未料到會產生這些後果，但一旦他獲知
這些後果是他引起時，他會感到驚愕❸。」但這種界限處境的罪
惡感可以成爲一股積極的力量。當我做某種決斷時，由於意識到
行動的後果會達到未知的領域，我在那兒遭遇到作爲我的界限處
境之責任。將此責任承擔起來的，便是靠「存在的情懷」(existen-
tielle Pathos)❸ 。

第五節 「存在」與「超越界」

「超越界」是無法被當成現象或概念來思考的。一旦被人思
考，它就消失不見，一旦被當作概念或形象，它便將自身隱藏起
來。由於超越界並不直接顯示自身，它一直隱藏在幕後而無法接
近。由於任何其他事物都無法與之相比擬，它顯得相當怪異的
是，它一方面開顯自身，另一方面又隱藏自己。

形上思考無法認知超越界的存有，但它卻能讓我們體認到超

---

❸ "Jede Handlung hat Folgen in der Welt, von denen der
Handelnde nicht wußte. Er erschrickt vor den Folgen seiner
Tat, weil er, obgleich er nicht an sie dachte, sich doch als
ihren Urheber weiß." *Philosophie* II, S. 246/*Philosophy*, II,
p. 215.

❸ *Philosophie* II, S. 249./*Philosophy*, II, p. 217.

越界。從「可能存在」的立場所作的照明存有之不同方式，也就是「超越之路」。「超越界」並不是「世界」，但沒有世界，也就沒有超越界。從「經驗事物」和「意識自身」來看，經驗世界才是實在的，而「超越界」就彷彿是空無。而從「存在」的層次來看，經驗世界卻似乎是空洞、虛幻、或空無；在與「超越界」的眞實性對比之下，經驗世界則成爲不眞實的❸。

「超越界」是「存在」得以成立的依據；也是「存在」的另一極。它與「存在」不能分開，彼此之間有密切的關係。但是「存在」與「超越界」的兩極對立是不能與「主體」和「客體」間的兩極對立相等同的。「每一在兩極對立中的統攝者並不純粹是在主體或客體的一邊。……『存在』根本不在主體的這一邊，它在主客的交織中出現❸。」

「存在」與「超越界」之間並不能畫上等號，「存在」只有在體認它自身的基礎在於「超越界」時，才能保存其可能性。「存在」若自認爲是終極的眞實存有，就會喪失對眞實的公正性。超越界只有爲「存在」及自由才具有眞實性。超越界是自由的根源，只有透過超越界賦予的自由，才是眞正的自由。「存在」就是自由，但是在超越界卻無所謂自由或不自由，因爲在達到超越之後，便不必再作抉擇，自由也無用武之地❸。

---

❸ *Philosophie* III S. 17-18. /*Philosophy*, III, p. 17.

❸ Karl Jaspers, *Truth and Symbol*, translated by J. Wilde, W. Kluback, and W. Kimmel, New York: Twayne Publishers, 1959, pp. 23-24.

❸ "In der Transzendenz hört Freiheit auf, weil nicht mehr entschieden wird; dort ist weder Freiheit noch Unfreiheit." *Philosophie* III, S. 5. /*Philosophy*, III, p. 6.

雅斯培的超越顯然有兩翼，一翼是理性，亦卽前面所提的「形式超越」。它是範疇的超越，它的超越是外顯的，是對客觀性的要求。另一翼是「存在」，是一種向內的超越，是主體性的要求❸。雅斯培以「面對超越界的存在上之關係」(existentielle Bezüge zur Transzendenz) 來說明這種超越。這也是從界限處境上來看「可能的存在」與「存有」的關係，其中包括了四組對立的形式。

㈠「存在」在對其「經驗事物」的層次進行質疑與答覆時，它對「超越界」或是「抗拒」(Trotz)，或是「順服」(Hingabe)。對於「經驗事物」為何如此的質疑以及不斷想了解眞相的願望就是一種傲慢。如希臘神話中的普羅米修斯 (Prometheus)，以及創世紀中的亞當，對於知識的欲求本身就構成了對神的違抗，這種衝動也構成了亞當的被逐出樂園，伊底帕斯 (Oedipus) 的自我毀滅。這些例子向我們說明了為求得知識必須付出的代價和痛苦過程。想要求得對我們自身的知識及眞相，會有一連串的衝突與矛盾。對我們自身的眞相，我們一方面想知道，一方面又不想知道；我們一方面想冒險，一方面又怕孤注一擲。在這種內在的衝突之心，我們體驗到抗拒是「存在」在其無限可能性中的根源❸。而「超越界」也在這種知識的懸浮狀態中開顯它自身。

超越界對於求知欲和抗拒的衝動有緩和的作用。某種順服或認命的態度是有必要的，人若能具備些許堅毅不拔的自制力似乎

---

❸ 同註❷，p.205。

❸ "Im Riß ist Trotz Ursprung der Existenz als Möglichkeit ihrer Unbedingtheit." *Philosophie* III, S. 74. /*Philosophy*, III, p. 66.

就可面對一切的横逆。但盲目的順從或 認命卻不能真正解 決問題。我們必須在「抗拒」和「順服」之間採取中庸之道，因爲固執於任何一個極端都會導致毀滅。譬如自由，與其說是出自盲目的順服，倒不如說是來自一種調和的抗拒。只有採取抗拒的掙扎，順服才具有建設性的意義。真正的抗拒會造成傲慢自大與淺薄可厭，而真正的順服會造就消極的宿命論。

㈡「可能的存在」與「超越界」的關係也可能是「墮落」(Abfall) 與「提昇」(Aufstieg)。個人在面對超越界時，或是離它愈來愈遠，或是被吸引朝它接近。抗拒與順服是超越的具體化，而墮落與提昇則是在超越範圍內的活動。墮落與提昇不可避免地相繫在一起，彼此都透過對方才顯示出來。提昇是在成就自我中積極的行動和參與；墮落則是向一成不變與僵化屈服。提昇是創造性的滿足；墮落則是空洞的形式化和機械化生活形式。提昇是把當下轉化爲永恆，墮落則是永不停止的反復。提昇是朝向超越界無條件的行動；墮落則是走向虛無的、被制約的行動㊲。

墮落與提昇的行動突破了所有的價值系統。我成爲我所評斷爲有價值的理想目標，沒有任何價值系統能够是終極的。只有在我不斷對我的價值觀提出質疑，並加以考驗，我才能保持向上提昇。價值規範受到經驗事物層次中多種動機的決定，但是從「存在」的立場來看，我們受到無條件命令的吸引甚於價值的系統。我們擁有的是評價的能力而不是客觀的價值。真正作評價乃是自我認定的價值得以表現的獨特提昇刹那，即使評價的後果無法合理地確定。只有在意識到抉擇與行動的冒險與不定時，評價才會

㊲ 參閱 *Philosophie* III, S. 92./*Philosophy*, III, p.81.

是真誠的。只有意識到有墮落和提昇的可能性時，真誠的評價才有可能❸。

㈢作爲可能性的「存在」就像懸浮的鐘擺一樣不斷在「白天的法則」──秩序與明晰的原則，與「夜晚的激情」──走向黑暗、毀滅的非理性驅力，這兩極之間擺動。白天的法則要求完整性與實用的結果，並受理性與理念的約束。它要求在世上的成就與歷史上的進步。但是在白天的界限上卻是那突破一切秩序的黑夜激情， 它向白天的基本假設──「善意」及「安份守己的生活」──提出質疑。夜晚的激情在每個人的日常生活事件中顯示出來； 其中比較極端的形式有禁慾主義、密契主義、求死的衝動、性愛的激情、以及非理性的冒險❸。

白天的秩序意識到死亡是界限，但在日常生活當中我們關心的是生，而不是死。我們活著卻把死亡當作不可能發生的事。在白天的秩序中死亡似乎根本與我無關。而對夜晚的激情來說，死亡同時是朋友也是敵人。在想探求未知領域的非理性驅力中，死亡的可能乃是一種既誘人又叫人怕懼的可能性。結果同時有人逃避死亡，也有人渴求死亡。夜晚的激情願意冒一切危險，不僅冒犧牲生命的目的與目標的危險， 而且甘冒「存在」的秩序、忠誠、及自我存有被侵犯而導致毀滅的危險❹。

「白天的秩序」與「夜晚的激情」這兩個世界的綜合是不可能的。它們之間只有一種互補的關係而不是一種綜合。二者的分離只是一種照明的方法。我們只能構想一種綜合，但這種綜合卻

---

❸ 參閱 *Philosophie* III, S. 86. / *Philosophy*, III, p. 77.
❸ 參閱 *Philosophie*, III, S. 102. / *Philosophy*, III, p. 90.
❹ 參閱 *Philosophie* III, S. 104. / *Philosophy*, III, p. 92.

無法在「存在」中來實現。我在具體的抉擇與行動中能夠分辨是
何者支配我的生活； 但若認為 我們能完全遵照二者 的要求來實
行，或者認為我們可以在其中一者中生活而不用另一者，則根本
是一種欺騙。我們既不能把白天與黑夜任何一者當作絕對，也不
能有絕對的綜合。這並不是我所能知道或我所能從中選擇的兩條
路子。如我能慎重考慮並抉擇，我就會把夜晚的激情變作白天的
秩序。夜晚的激情是它本身的困擾與自身的秘密，任何想描述它
深奧之處的企圖都會遭到挫敗。而如果沒有遭遇挫敗，它就不是
夜晚的激情，而是白天的秩序了。

　　㈣由於在我們身上有這種對立的情形讓我們感到不快，因此
有一股企求統一的驅力。可是我們既無法達到一種絕對的「一」，
又無法達到絕對的「多」，我們面對的仍是「一」與「多」的對
立。統一性有許多不同的意義，有數字上的統一性，也有自我意
識的統一。而透過自然科學漸進的統一，我們對於自然和其歷史
的統一知道的愈多。透過社會科學，我們愈能體認人類史上的統
一和延續。從邏輯的觀點來看，凡是能被思及或有條理、前後一
貫的思想，也都有統一性。但是「存在」、「神」及「超越界」
卻無法包含在這種經驗的 、 邏輯的 、 和科學的統一性架構之內
❹ 。

　　「存在的統一」必然是一種經驗的統一。「存在」的統一性
根源不再是邏輯限定的統一。它是我們的歷史性以及我們經驗透
過自由的統一，也是作為抉擇的存在根源，為存在的統一，整體
是理念，而一切達到統一的進路都是對超越界的可能關係。我們

---

❹　參閱 *Philosophie* III, S. 116-120. / *Philosophy*, III, pp. 102-106.

所尋求的「一」，並不是單一的世界，也不是爲全人類適用的唯
一眞理，更不是我們憑藉了解自己的純一精神。上述這一切形上
的解釋，以及超越的行動，最先都是從「存在的統一」得到其意
義。

　　總之，照雅斯培看來，如果世界整體可以認知，如果認知上
可以達到終極的統一，那麼超越界就是一種虛構。而如果企求整
體的願望達不到，而且自由若是眞實的，那麼超越界就是眞實的
「存在」就是可能性，就是自由，而自由是一種賦予，並不是一
種現象，它的根源也只能在那不能作爲對象的「超越界」。從認
識的角度來看，超越界的眞實性可以從每一門研究領域的認知界
限上感受得到，而從存有的角度來看，超越界和我們自身存有的
統一性和不完整性一樣眞實，對於我們自身的不完整可在墮落與
提昇、抗拒與屈服、理性與激情，以及極限處境上體會出來。超
越界就和自然界的不語以及人挫敗時的緘默一樣眞實。

　　超越界無法直接接近。它只有透過「密碼」來向我們說話。
一切存有物都可以成爲超越界的密碼。密碼的存有是一種介於內
在界與超越界之間的存有方式。對雅斯培而言，超越界並非高高
在上的，而彷彿是「統攝」著我們的。雅斯培發明「統攝者」的
概念多少和他對「超越界」的體認有關。他對「超越界」的看法
和傳統的看法不同，超越界和內在界在他看來並不相互排斥。他
把密碼了解爲 「內在的超越界」 (Immanente Transzendenz)。
在下面一章中，我們將探討「密碼」的意義，以及它與超越界的
關係。

第六章　超越界的密碼

從形式的觀點來看，雅斯培哲學中的「超越界」指的其實就是「存有本身」。然而，無論「超越界」或「存有本身」既無法由純粹理性所掌握，也無法只憑主體性的「存在」所達到。雅斯培刻意經營的一條「超越之路」是在純主觀的進路——「存在之路」與純客觀的進路——「理性之路」之外的「第三種進路」。它是統攝主、客，並兼納「理性」與「存在」的一條路。然而，「理性」與「存在」要如何融洽地結合到一塊，也是雅斯培面臨的實際難題。因為照雅斯培的看法，任何明確的說明必然得借助普遍概念與對象性的思考，如此則免不了把「超越界」或「超越之路」當作認知的對象，而超越界根本是無法當作對象的。超越界不僅超越經驗事物與客觀認知，而且也超越了具體的、歷史性的主觀進路。

雅斯培顯然清楚意識到他自身的困難，他的哲學追求也一直要為克服這重重困難而努力。他也指出超越的基本原則：「理性」與「存在」缺一不可，要靠二者像鳥的雙翼同時並舉，才可能超越。「理性」與「存在」要如何相互配合，只有透過哲學的照明去把握，雅斯培也在他的《理性與存在》一書中專門討論過這個問題。但無論「理性」和「存在」如何努力，似乎很難擺脫自身的種種限制，終究也難逃挫敗的命運。因此是否也應該有來

自超越界的救援配合，助人一臂之力呢？如果我們接受啟示宗教
的信仰，就不愁沒有救援，那來自上帝的啟示就是我們的助力。
可是雅斯培不願一步就跨越到神學的範圍內接受啟示的信仰，他
仍要堅持自己哲學的立場。雅斯培因而在此引進了他的「密碼」
概念，一方面是爲了解決前述的困難，另一方面也是用來代替神
學上的啟示說❶。

然而，這個密碼究竟是什麼？它具有怎樣的意義或本質？密
碼和超越界有怎樣的關係？它在人追求超越的過程中又扮演著怎
樣的角色？世界上的一切事物、甚至人的歷史，以及過去哲學家
在形上方面的探求，是否都可當作超越界的密碼？人在面對這些
密碼時究竟要如何解讀？密碼與我們一般所說的象徵，又有什麼
不同？這種種問題都是本章中所要探討的主題。

第一節　密碼的本質

對雅斯培而言，世界及一切在世上發生的事都是一種奧秘，
而世上的萬物也無一不可以成爲密碼 (Chiffre)。世上一切有限
的事物都以一種象徵的方式指向它們自身以外的根源，這個根源
就是「存有本身」，就是「超越界」；而這些有限的存有物或
種種事件，在扮演這樣的功能時，也就成了「超越界的密碼」

---

❶ "..... because Jaspers' teaching about ciphers is his substitute
for a doctrine of revelation." David E. Roberts, *Existentia-
lism and Religious Belief*, New York: Oxford University
Press, 1959, p. 253.

(Chiffren der Transzendenz)。由於一切科學的探究所掌握的都只是經驗的實在，我們根本不能企望以這種探究來觸及「存有本身」。因此想要了解存有的根本，就必須依賴密碼來傳達某些有關超越界的訊息。 這種訊息的體 認並不同於一般理性 認知的方式，因此光靠我們的理智並無法掌握密碼所要傳達的訊息。雅斯培對於密碼的本質曾給予下列的描述：「密碼是超越界實在的語言，而不是超越界本身。它是懸浮不定的、歧義的，並非普遍有效的。它的語言無法為我們的理智所聽懂，但只能為作為『可能存在』的我們所掌握❷。」

雅斯培的「密碼」是一種獨特的象徵 (Symbolik)。一般科學上或哲學上的象徵（或符號系統）都是以符號來指示一個實在物，而此物原則上是可用非象徵方式來認知的。雅斯培在此曾區分兩種象徵：一種叫做「指意的象徵」 (deutbare Symbolik)，另一種稱做「直觀的象徵」(schaubare Symbolik)❸。指意的象徵具有比較或類比的形式，因此可成為認知的對象。它的符號和它的意義是可以分開來的，因而它的象徵是客觀的、普遍的。直觀的象徵卻無法具有普遍、客觀的意義，也沒有最終的形式。它可以不斷具有新的意義，它會一再地消失，但也會不斷重新以新面貌出現。直觀的象徵是無法恰當予以解釋的，它也不能具有終

---

❷ "Chiffern sind Sprache der Wirkichkeit der Transzendenz, nicht die Transzendenz selber. Sie sind schwebend, vieldeutig, nicht allgemeingültig. Ihre Sprache ist nicht hörbar für unseren Verstand, sondern nur für uns als mögliche Existenz." Karl Jaspers, *Chiffren der Transzendenz*, München: R. Piper & Co. Verlag, 1970, S. 97.

❸ *Philosophie* III, S. 146-147. / *Philosophy*, III, pp. 128-129.

極的意義。一旦象徵可以定義，並具有終極的意義，就會使它淪
為指意的象徵。而在這兩種象徵之中，只有直觀的象徵才能做為
超越界的密碼。指意的象徵由於不具有超越性，因此無法視為密
碼，因為所有的密碼皆是超越界的密碼。雅斯培說：「透過一個
『他物』來思考象徵固然是從起源上解釋這些象徵，但同時也解
消了這些象徵。真正的象徵是無法言詮；凡可以透過『他物』來
解釋的就不再成為其象徵了❹。」

　　從上述的區分，我們可以了解，並非所有的象徵都是密碼。
只有當象徵指向那永遠無法成為普遍概念或認知對象的超越「存
有」時，才能成為密碼。密碼無法作為對象，也無法為我們理智
認知。一旦我們把密碼當作對象來認知，它便失去作為密碼的本
質，而淪為指意的象徵。這也是為何雅斯培反對把宗教上的啟示
及類比絕對化、終極化，是因為一旦宗教的啟示有了終極的解
釋，就成了指意性象徵，可作對象認知，卻因此失去了它們作為
密碼的真實性❺。

　　密碼固然不能被當作限定的對象，因為一旦如此它就會失去
密碼的功能，可是每一對象性的事物卻可透過超越的行動而轉化

---

❹ "Thinking of the symbols through an 'other' explains them
genetically and dissolves them. Genuine symbols cannot be
interpreted; what can be interperted through an 'other' ceases
to be a symbol." See Karl Jaspers, *Truth and Symbol*,
partly translated from *Von der Wahrheit*, by J.T. Wilde,
W. Kluback and W. Kimmel, Connecticut: College &
University Press, 1959, p. 53.

❺ 參閱 Oswald O. Schrag, *Existence, Existenz, and Transzen
dence*, Pittsburgh: Duquesne University Press, 1971, p. 220.

成密碼。這超越的行動也就是前面所說的「形式超越」，透過思想自身的運作消除一切對象性，如此每一存有物都可以成為一個密碼，成為密碼的對象物是在一種懸浮不定的狀態中，對象物的具體性、穩定性、和限定性都在其中消失了。對雅斯培而言，我們的思想及認知對象有三種不同的模式：第一種是實在的認知對象，亦卽一般經驗到的具體對象；第二種是理念的認知對象，如數學的對象；第三種則是形上的對象，只有這種對象具有「密碼」的性質，而且不同於前兩種對象，它是不限定的❻。

象徵雖然不一定是密碼，但密碼卻可以是一種象徵。象徵的背後通常有象徵所代表的某種東西，密碼的背後也有作為暗示根據的超越界。因此密碼便是超越界的語言，它是要聆聽的，而不是被認知的。由於密碼本是不可談論的，但是因為密碼只有在溝通之中才比較清楚顯示出來，對它的談論才成了不可避免的，可是我們要知道，一切我們有關它的談論從根本上就是錯誤的。我們把密碼稱之為語言，其實只是一種切近的隱喻方式，是不得不然的作法。雅斯培把這樣的語言又區分為三種：

第一種語言是超越界的直接話語。這種話語只有「存在」的絕對意識才聽得到，它是「存在」的個人在覺醒的刹那所聽到的。對於這種語言的解釋要靠形上的經驗。所謂的「形上經驗」是結合了感覺經驗、生活經驗、認知經驗、思考經驗、直觀經驗等而產生的。當經驗停留在純經驗事物的層次時，我會有如墜深淵般的絕望；但當這種經驗轉變成密碼時，我又發現了當下的滿足。

---

❻ See L. Ehrlich, *Karl Jaspers: Philosophy as Faith*, Amherst: University of Massachusetts Press, 1975, p.158.

這種形上經驗是無法證明的，它也無法為每個人都有效。但它卻使我進入與純粹實證的經驗事物截然不同的「存有」之中，它是從純經驗事物的層次進入永恆的超越界之轉變❼。

第二種語言則是超越界語言的回響。它把那無法直接傳達給別人的第一種語言，透過故事、象徵、表情等，由「存在」的個人傳給其他的「存在」。通常帶有形上內容的語言透過客觀化而以下列三種易了解的形式出現： (1)，各種不同的神話； (2)，彼岸的啟示； (3)，具有神秘性質的實在物。這些不同形式的語言都是傳達超越界訊息的手段❽。

第三種語言則是以哲學思考來傳達的語言。對超越界的哲學思考本身只是一種象徵，是一種可以相互溝通的語言。它可以用許多不同的方式來表達： (1)，第一種方式是將注意力集中在實在界本身，如對自然的描述與對歷史的陳述，可以不提超越界而為人理解。但這種述說一旦使用到超越理解的語言，就成了形上溝通的媒介。 (2)，明白地講述超越界是真正存有。即使深思熟慮構作一套形上學體系，思想本身仍是一種象徵或密碼，是被解讀的可能性，卻不是對超越界的認知。 (3)，透過我在世上的生活與自我，找尋一條通往超越界存有之路。 (4)，在回顧與前瞻中超越，沉思起源與目標。上述種種以類比、以思想象徵的密碼來思考超越界的方式，就是我們所謂的哲學思考。由於哲學思考無法超越密碼，它無法從「存有本身」的形式來理解超越界❾。

---

❼ Cf. *Philosophie* III, S. 130-131. / *Philosophy* III, pp. 114-115.

❽ *Philosophie* III, S. 131-134. / *Philosophy* III, pp. 115-117.

❾ Cf. *Philosophie* III, S. 134-136. / *Philosophy*, III, pp. 117-119.

對雅斯培而言，密碼是「存有本身」開顯給我們的媒介，它也是溝通世界與超越界之間的橋樑。雅斯培因此把密碼稱作「內在的超越界」(immanente Transzendenz)，有了密碼我們才有可能體驗到那無法作爲對象來認知的「存有本身」。密碼兼具內在性與超越性顯然極弔詭的特徵，它一方面具有世上事物一般幻滅無常的內在性，一方面又以超越界的語言姿態出現。由於密碼具有這種內在的超越性，它可以居於「存在」與「超越界」之間作爲調和二者的媒介。所以雅斯培說：「密碼是把超越界帶到當下的東西，而不致讓超越界成爲客體存有，也不致讓存在成爲主體存有❿。」

第二節　密碼的世界

世界和世上萬物無一不可成爲密碼。自然、歷史、人類，以及意識自身都不只是在那兒而已，一切事物都遠超過外表顯現出來的樣子。我們對於世界的各項知識愈增加，我們對密碼世界的體認也愈深刻；我們對存有物了解得愈清楚，對於那隱藏在背後的存有根基體認也愈深。存有本身是透過密碼而開顯的，當我掌握密碼中的根本實在時，它卻成爲漂浮不定的。一旦密碼變成固定或限定，並且變成世上之物時，便失去了它的根本實在性。它

---

❿ "Die Chiffre ist das Sein, das Transzendenz zur Gegenwart bringt, ohne daß Transzendenz Sein als Objektsein und Existenz Sein als Subjektsein werden Müßten." *Philosophie* III. S. 137./*Philosophy* III, p.120.

淪爲一個記號、一項指示、一種隱喻。有數不清的這樣的象徵或符號可以根據眾多的觀點來排列。它們構成密碼的世界，可是一旦我們把它們當做思慮的對象時，它們與其根源之間的關係就成了植物標本與活體植物之間的關係，或者是骨骼標本與動物活體間的關係一樣。密碼是不能成爲思考對象的，一旦它被我們作爲思考或談論的對象，它就彷彿從一個活體淪爲標本。因此密碼必須透過其象徵來解讀，才能接觸到它們所代表的根本實在，正如同我們在看到骨骼或植物標本時，想到它們的起源一樣。

　　然而，科學的世界定向和世界定向中的密碼解讀是不同的。密碼的解讀不像 科學的世界定向 一樣要求普遍、令人信服的知識。整個自然界及自然界的一切事物與事件都是可能的密碼，一切事物都可能成爲密碼，但並不表示一切事物就是密碼，雅斯培因而爲密碼擬定下列規定： (1)， 密碼無法在未來被認知， 我們的知識只有助於磨利密碼的刀刃，卻無助於解讀密碼。(2)，密碼並不表現人的心理現實，而此一現實只有與人的心理表現一起作爲一整體看待時，才可能成爲密碼。(3)，密碼既非自然形式的特性，亦非人造事物的結構，雖然這些東西都可轉變爲密碼。(4)，密碼並非人心共同感受到的東西，對「存在」而言，它是無法由其他事物表現的客觀性，可以表達且讓人理解的絕不會是密碼。要使密碼語言讓人理解實際就是毀棄它的作法❶。

　　整個自然界可以成爲一個密碼。因爲自然整體總是遠超過我們所能思考和解釋的。自然向我說話，但當我向它質詢時，它又沉默不語。自然所說的語言並不會揭開自然的眞面貌，它是無法

---

❶ Cf. *Philosophie* III， S. 169./*Philosophy* III， p. 148.

理解之物的語言，它不表現任何事實，只表現出作為密碼的深奧不可究詰。

　　歷史同樣也可以成為密碼。而為了解讀歷史的密碼，我們總在設法尋求它的起源與目標。但是我們永遠無法達到歷史的起源與目標。未來會如何總是不為我們所知的可能性。密碼只有在一想像的起始與結束之間的歷史處境中才能具有意義。但任何對歷史的起始與結束作思考的企圖，或者想構作一套系統的歷史詮釋或歷史哲學的嘗試，都注定要失敗。所以雅斯培說：「歷史的密碼是真正的挫敗⑫。」

　　意識自身也可作為密碼。透過意識自身，存有物可以藉範疇而加上述詞。意識自身也是存有的一個角度，我在自我中把它當做行動來驗證。意識自身在它的行動和邏輯結構中是一個使世界定向成為可能的密碼。每一特殊的範疇也可以成為密碼，而除非意識自身成為密碼，我會一直受到空洞的普遍真確性及客觀性的拘束⑬。

　　整個人而言也是一個多重的密碼，因為人是結合「自然」、「經驗事物」、「意識自身」，和「存在」於一身的。我們究竟是什麼，似乎是我們自己知道得最清楚，然而人本身是什麼卻是關鍵性的問題，因為人總是超過他對自己的認知。作為「存在」的人就好像介於世界與超越界之間的中間存有物。由於對於「人究竟是什麼」找不到一個最終的答案，人為他自己及其他人而

---

⑫　"Chiffre der Geschichte ist das Scheitern des Eigentlichen." *Philosophie* III, S. 183. / *Philosophy*, III, p. 160.

⑬　Cf. *Philosophie* III, S. 184-186. / *Philosophy*, III, pp. 161-163.

言，就成爲一個密碼。自由也是人最具有關鍵性的密碼，但唯有在這個自由是「存在」的自由，而不是「經驗事物」層次的自由，才如此。我在「存在」的自由中意識到自己是自由的事實，但這個自由卻好像是禮物般賜予給我的。我體驗到一種自由，它不再是我的自由，卻彷彿是一件恩賜，彷彿是從那既不是自由，也不是可能性的超越界而產生的⓮。

除了「存在」可作爲密碼外，另外還有藝術也可成爲密碼。藝術讓自然的密碼、歷史的密碼、以及人的密碼說話，不是以哲學思考的方式，也不是以「存在溝通」的方式，而是透過知覺和感官的溝通來說話。藝術欣賞在幻想上的滿足是發生在「經驗事物」層次與「存在」層次之間的意識層面上。它使我脫離純「經驗事物」的層次，也使我離開「存在」的現實。藝術創造的形式使得經驗事物成爲透明； 但它也創造一種超然的精神， 並將掙扎、 折磨與痛苦， 暫時擱置起來。 如果自然與歷史是超越界的直接語言，藝術則是傳達超越界訊息的工具或手段。就實在與藝術來比較， 實在一方面超過藝術， 因爲在 「存在」 眞誠的抉擇中，實在就是「存在」自身具體的呈顯。另一方面， 實在也不及藝術，因爲實在只有在藝術形成的密碼語言有回響時，才變成語言⓯。而身爲「存在」的個人卻是比較向實在開放的。藝術家多

⓮ See Oswald Schrag, op. cit., pp. 222-223.
⓯ "Wirklichkeit ist zwar mehr als Kunst, weil sie die leibhaftige Selbstgegenwart der Existenz im Ernste ihres Entscheidens ist; sie ist aber auch weniger, weil sie aus ihrer Dumpfheit erst zur Sprache wird im Widerhall der Sprache der durch Kunst erworbenen Chiffren." *Philosophie* III, S. 194. /*Philosophy*, III, p. 170.

少都會藉模仿來表現自己，然而，偉大的藝術都超越模仿的階段
而達到本身成爲超越界密碼的境界。偉大的藝術通常和特殊藝術
家的獨立性和自由精神相關，卻與他屬於什麼派別無關。偉大的
藝術在我們內心喚起新的解讀密碼方式。

　　密碼在個別的藝術類型中以不同的面貌出現。在音樂裏成爲
密碼的自我存有形式是經驗的時間。音樂就其內容既無法爲視覺
所見，又不隸屬於空間而言，是屬於比較抽象的語言。建築作爲
存有的密碼則 與空間有關 。 建築中的密碼文字 是照空間來安排
的。就造形藝術而言，形體則成了存有的密碼。繪畫及詩詞則不
僅可以成爲表現時間、空間及形體的密碼，而且可以作爲表現一
切事物及存有物的密碼。這種種不同的藝術開闢了多條密碼得以
解讀的新途徑，但同時也爲人和自己的眞實存有之間製造並保持
了距離。

　　在人心中不斷有去證實超越界存有的強烈願望，但是在哲學
史上所有想透過哲學思考來解讀密碼以確認超越界的企圖，都不
免遭遇挫敗 。 在眞正密碼的 解讀上不可能有最終的 全盤哲學思
考。它是向著眞正自由及溝通開放的。爲「可能的存在」密碼不
可能固定和靜止，但密碼也不是虛無。密碼只有成爲「挫敗」的
密碼時才能成爲眞正的密碼。

第三節　密碼的解讀

　　從上一節的介紹我們可以知道，雅斯培把自然、歷史、意識
自身、人、甚至各種藝術，都當成傳達超越界訊息的密碼。這主

要是因為沒有任何確定的經驗和任何有力的推論，足以向我們證明有一個超越界。我們在超越中才能與超越的存有相遇。但超越的根本存有既無法觀察，也無法思議。任何證明超越界的企圖都不免會遭到挫敗，因為超越界根本是無法用論證來證明的❶。因此，只有透過超越由各種不同的密碼，「存在」才可能捕捉到有關超越界的訊息，才能躍向超越。密碼在此具有一種跳板的功能。

然而，前面我們提到，密碼無法像一般限定對象一樣來為我們認知，它的意義總是懸浮而不固定的。因此，我們遭遇的最大難題便是：密碼應當如何解讀，才能一方面避免陷入主觀的獨斷論立場，另一方面避免落入客觀的對象認知。

其實密碼真正的威脅是把密碼當作對象的傾向，如此一來，密碼將失其根源，也將失去它之所以為密碼的條件。我們總是有把密碼當作存有本身，並把密碼解讀當作存有認知的傾向。但是密碼並不是存有自身，也不是實在界，更不是超越界。密碼所以是把超越界帶到當下的存有物，一方面不致使超越界淪為客體存有，另一方面不致使「存在」成為主體存有。它是克服二元論難題唯一可接受的方式。密碼與密碼文字 (Chiffreschrift) 二者是不可分的。它們比較接近一組意義，而不是一組對象，比較能代表主客之間的動向，而不是某物的知識。密碼使「存在」與「超越界」之間持續不斷的懸浮關係保持活絡。在意識自身中，主體和客體之間的調和變得固定。世界及世界之物都具有秩序和一致性，但對「存在」而言，密碼卻再度揭示世界的不穩定、不可理解和荒謬❷。

---

❶ Cf. *Philosophie* III, S. 199-200. / *Philosophy*, III, p. 175.
❷ See Oswald Schrag, op. cit., p. 227.

超越界的存有如要呈顯給「存在」，只有當它作爲密碼而不是某種客觀事物時，才辦得到。如果密碼成爲對象，它作爲對象卻不能像其他對象一樣，因爲既爲密碼，一切對象都處於懸浮不定的狀態中。密碼與其說是對象，倒不如說是一種溝通的方式以及一切眞正溝通的根源。密碼與其說是思想本身，倒不如說是對思想——尤其是對自己的思想——的「傾聽」，而卽使密碼不能沒有思想的成分，思想本身也會變成密碼。對語言的分析與對密碼的分析發生在不同的層次上。因此雅斯培用下面的話來說明語言、密碼與存有本身的關係：「我們的語言是一個隱喩的世界。在密碼之中，那表示密碼的事物，事實上，和密碼是不可分的。……因此，包羅一切的隱喩就是：我透過密碼來參與『存有』、採取密碼的形式本身就是對『存有』的參與。透過密碼對『存有』的參與有遠近不同的分別❶⑧。」

前面提及的密碼三種語言：超越界的直接語言、神話與啟示的語言、以及理論思考的語言等都是解讀密碼的不同進路。第一種語言，也是超越界直接的呈顯，並不遵循任何方法；其他兩種語言則有精密而複雜的方法。哲學思考會描示密碼的本質，但如此一來，它本身也變成爲密碼。對雅斯培而言，形上學就是一種解讀密碼的方法，可是傳統的形上學和存有論都不令人滿意，主要是因爲它們迫使密碼成爲對象。傳統形上學固然開始時有解讀密碼的動機，可是到後來都宣稱擁有普遍而令人信服的知識，而不免以錯誤的密碼解讀和對超越界的曲解收場。「存在」總是密

---

❶⑧ Karl Jaspers, *Truth and Symbol*, p.61.

碼解讀的關鍵，而且「存在」與密碼都不是普遍概念。密碼就無物不可成為密碼的觀點看，是具有普遍性的意義，但它之所以不是普遍概念，是由於它可以有許多不同的方式來解讀。密碼所蘊藏的真理是無法一次就掌握住的。事實上，密碼不僅不提示有關超越界的任何知識，而且透過密碼對超越界的體驗，根據特殊「存在」的處境，也各有不同。

密碼解讀的關鍵在於我們對「那作為自由根基的超越界本身無法言詮」，有一基本的體認。那絕對的超越存有自身無法由他物來指稱，也無法由密碼來代表，它的臨在只能透過密碼得到暗示。雅斯培的密碼哲學基本上不同於密契主義，主要是因為後者追求的是直接與超越界面對面的接觸，而雅斯培的超越追求卻要透過密碼居中的傳達。但密碼本身卻只有直接為我們掌握，而不能再透過他者居間傳遞訊息。密碼只能「直觀」，而無法「言詮」；只能「體認」，而無法「認識」❶。不能被詮釋乃是密碼的根本特徵。密碼的解讀既然不能靠客觀的詮釋，似乎必然要走向比較主觀的「體認」的路子。但是雅斯培卻一再強調：「密碼的意義並不是要以某種當下之物來意指某種闕如之物，或以此岸之物來意指彼岸之物……密碼存有是一種不再意指任何他物的意義……密碼是任何限定詮釋都不足以解釋的無限意義；因為詮釋本身需要無限的詮釋活動。詮釋本身乃是一種寓言式的活動、一種遊戲。詮釋是不可能的：存有本身就是當下臨在的、就是超越界。它是無以名之的。當我們一談到它，我們使用數不盡的名

---

❶ See L. Ehrlich, op. cit., p.163.

字來指稱它，但又覺得不妥而一再地取消⑳。」卽使我們靠「直
觀」、靠「體認」去把握密碼的意義，我們也不能把我們所把握
到的意義，當作終極的、絕對的。密碼的特徵就在於它向無限、
向超越界開放，它的意義因此也是無限的、極其豐富的。只要我
們在解讀密碼時能避免陷入概念思考或言詮的限定之中，我們便
已掌握住了密碼解讀之鑰。

第四節　挫敗——作爲超越關鍵的密碼

　密碼的意義不能是終極的、絕對的，正因爲它具有極其豐富
的意義。因此當人設法要在時間中去了解超越界免不了會遭遇挫
敗。在雅斯培的思想中，「挫敗」（Scheitern）是個極重要的概
念，但它不僅是個概念而已，它本身可以成爲超越界的密碼，而
且是使「存在」躍向超越的關鍵密碼。

　對雅斯培而言，挫敗是人所免不了的，但挫敗也因分屬不同

⑳ "Die Bedeutung der Chiffern ist nicht so, daß ein Gegenwär-
tiges ein Abwesendes, ein Diesseitiges ein Jenseitiges bedeute
...Chiffersein ist ein Bedeuten, das nichts Anderes bedeutet...
Die Chiffer ist das unendliche Bedeuten, dem keine bestimmte
Bedeutung gemäß ist, die vielmehr in der Deutung selber eine
unendliche Bewegung des Deutens fordert. Das Deuten ist...
selber ein gleichnishaftes Tun, ein Spiel. Deuten ist unmöglich:
das Sein selbst ist gegenwärtig, die Transzendenz. Sie ist
namenlos. Reden wir davon, so brauchen wir unendliche
Namen und heben sie alle wieder auf." Karl Jaspers, *Von
der Wahrheit*: *Philosophische Logik*, Erster Band, München:
R. Piper & Co., Zweite Auflage, 1958, S. 1033.

層次而有差異。譬如在「經驗事物」、「意識自身」和「精神」等層面上的挫敗，不是因為忽略了超越界，便是因企圖建構超越界的結果。而在這些層面上努力要開顯超越界的形式超越，卻在遭遇界限處境和二律背反時挫敗。從消極方面來看，這種挫敗指出了理性的限制；但從積極一面來看，形式超越及其挫敗開啟了密碼解讀之路。形式超越使我們面對思想的挫敗，而這種在經驗和思辨層面的挫敗已暗示了在一切層面上的挫敗。

　　一切思想免不了挫敗，而密碼的解讀，包括「存在」密碼的解讀，也都是一種思考的模式，因此也注定遭到挫敗。雅斯培在此區分「思想的挫敗」和「存在的挫敗」。存在的挫敗包括了自由的挫敗、在處境相對性之內的挫敗、以及存在罪疚的挫敗。在界限處境上，顯然最有價值的事物與沒價值的事物分不開；沒有可能或實際的惡，就沒有善；沒有假，就沒有真；沒有死，就沒有生。因為「存在」必須在或可預見結果，或無法預見結果的眾多可能性中選擇其一，如此一來必然會引起存在的愧疚，挫敗因此也是免不了的❹。

　　挫敗雖有許多不同的樣式，但問題是它是否意指徹底的毀滅，或者它是否開顯存有？換言之，我們面對的問題是：實際挫敗的結果是否就是毀滅與虛無，或者它是否可以成為超越界的新密碼，挫敗是否能讓我們因而把握住超越的永恆不朽？如果世界定向、存在照明、密碼解讀、以及挫敗的詮釋都未遇到真正的挫敗，則真正的挫敗就是帶給我們虛無或永恆的直接而具體的剎那。

---

❹ *Philosophie* III, S. 220-221. /*Philosophy*, III, p. 194.

當我們面對挫敗時，不管它是「經驗事物」層面的挫敗，或是存在的挫敗，我們會採取不同的態度，而多半我們會逃避挫敗的事實。在思想和行動上，有一種樂觀的看法，把挫敗視爲不過短暫的威脅，以爲只要我們充實自己的知識和經驗就可以克服它。與此相反的是一種命定論的態度，這種態度不僅視一切事情爲挫敗的過程，而且把挫敗的方式公式化，卻實際孕育了挫敗的期望。這兩種態度都不是掌握人類處境的眞正進路。雅斯培認爲「眞正明顯的挫敗並不在任何敗亡、任何毀滅、自暴自棄、自甘墮落或失敗之中。只有在我並不願挫敗，卻敢於面對挫敗時，挫敗中永恆不朽的密碼才變得清晰起來❷。」眞正的挫敗是無法預作安排或計畫的，因爲一旦如此，挫敗便不成其爲挫敗、也不成其爲密碼。

「存在」所面臨的眞正問題是：「存在」在其自由中和在其歷史性中是否能擔負起挫敗而不將自身變爲絕對者，以及挫敗本身是否能成爲存有最具關鍵性的密碼？「存在」自覺到它的挫敗，但它也體認出自身與超越界密切的關係。「存在的挫敗」和它與超越界間的斷絕，卻很有可能加強「存在」對超越界的把握。「存在的挫敗」同時也是它最容易接納超越界、向超越界最開放的情況。但眞正的挫敗不因我的預期而出現，它只在我盡一切力量去避免挫敗時，才發生。透過界限處境來實現自我是充滿

---

❷ "Nicht schon in beliebigem Untergang, nicht in jedem Vernichten, Sichselbstaufgeben, Verzichten, Versagen ist das echte offenbarende Scheitern. Die Chiffre der Verewigung im Scheitern wird hell nur, wenn ich nicht scheitern will, aber zu scheitern wage." *Philosophie* III, S. 223. /*Philosophy*, III, p. 196.

弔詭的，因爲我必須預期不可能之事。如果我要實現眞正的自我，我既不能期盼界限處境，也無法希望挫敗，因爲這樣一來就會造成虛僞不實，但這二者爲實現自我都是必要的。爲了成就眞實自我，我必須企求圓滿而不是挫敗，我也不能期盼那造成挫敗的界限處境。企求圓滿和期望挫敗是相互衝突的，然而對圓滿的企求卻是眞正挫敗的前提㉓。

敢於面對挫敗，卻不蓄意希求挫敗，使「存在」的自由具有一種嶄新的意義。作爲「存在」及作爲可能性的自由在遭遇並抗拒「絕對的挫敗」——即使一切可能性和自由終止的挫敗——時，才最能實現自己。挫敗與不朽不僅能並行不悖，而且在更積極的意義下，對不朽的企求能在挫敗之中實現自身。

作爲最終密碼的「挫敗本身」是一無法言詮的密碼，它在這種意義下與其他一切的密碼不一樣。它不再具有其他密碼豐富的內容。由於它是其他密碼的回響並且也是其他密碼的統攝根基，在在顯示出它與其他密碼的近似性。這無法言詮的密碼向一切被言詮的密碼提出質疑，但同時這個全面的挫敗「確證」了一切其他的密碼。它像所有的密碼一樣是個開放的密碼，但與其他密碼不同的是，它是向超越界和終極的挫敗、向「有」與「無」最開放的密碼。

在困境中的挫敗，對雅斯培而言，彷彿「挫敗本身只是空無，而不再是密碼㉔。」甚至超越界也可能成爲一種幻覺。彷彿

㉓ See Oswald Schrag, op. cit., p.237.

㉔ "...das Scheitern selbst ist nur noch als Sein des Nichts, nicht mehr als Chiffre." *Philosophie* III, S.232/*Philosophy*, III, p.204.

空虛、絕望、與荒謬戰勝了，而存有向虛無讓步。但是作為「存在」的我，是存有的一種模式，而不是虛無。而「存在」的挫敗以及與那種挫敗的虛無相遇的經驗，使我體認到，挫敗不僅開顯了虛無，而且也開顯了超越界的存有。開顯出這種虛無的挫敗是有兩面的：積極一面，它使人走向超越，而消極的一面，則使人走向毀滅與虛無主義。

　　作為無法言詮之密碼的挫敗是終極的，它不再是一個可以界定的密碼。它是開放的，因此也保持緘默。世界的結束只有在這無法言詮的密碼之前終究還是「有」。我們所知道的任何結束都是在世界和在時間中的；它永遠不會是世界和時間的結束。但是在全面挫敗無法言詮密碼之前的緘默與超越界的存有是相關的，而世界則消失在超越界存有之前。「挫敗中所開顯的──一切我們可接近之存有的非有──就是超越界的存有❷。」

　　那無法言詮並保持緘默的最終密碼乃是最具有潛力的密碼，它足以成就最高的圓滿，也足以變成絕對的空虛。由於它無法言詮，且無法證實，它在從憂懼到平靜的變動中包含了自我認定和冒險的成分，對知識永不停息的追求與二律背反的面對，及挫敗的經驗，都增加了憂懼和絕望的心情。從挫敗來看，我們似乎不可能生存下去。但我們仍不停地掙扎擺脫憂懼，雖然明知不可能成功，仍要試圖躍昇。「從憂懼到鎮定的躍昇是人所能成就的最大躍昇❷。」這種躍昇成為人擁抱超越界存有憑藉的一種信仰的

---

❷ "Das Nichtsein allein uns zugänglichen Seins, das sich im Scheitern offenbart, ist das Sein der Transzendenz." *Philosophie* III, S. 234. /*Philosophy*, III, p. 205.

❷ "Der Sprung aus Angst zur Ruhe ist der ungeheuerste, den der Mensch tun kann." *Philosophie* III, S. 235. /*Philosophy*, III, p. 206.

行動。所有超越界的密碼，包括「存在」和作爲最終密碼的「挫敗自身」之密碼，都會挫敗，只有超越界本身不會挫敗。前面提及，一切密碼都是內在的超越界；內在的超越界會挫敗，但超越界本身卻不會。只有透過密碼的挫敗，並且最後透過存在的挫敗，我們才能看出根植於超越界的豐盛；而在挫敗中的「存在」才能體驗到眞正的「存有」。

第七章　雅斯培哲學的根本精神

從前述的探討中，我們可以發現雅斯培的哲學與其用「存在哲學」來涵蓋，倒不如以「超越哲學」來稱呼，更爲恰當。當然我們絕不可認爲雅斯培曾刻意構作一套有關超越的理論。非但不是如此，構作系統的理論以滿足理性認知的需求絕非雅斯培的企圖。雅斯培對於超越的追求不僅是他整個哲學的追求目標，更是他整個生命追求的目標。如何實現「存在」，並達到超越，乃是雅斯培哲學的終極關懷，而在此一前提下完成的有關超越哲學的理論，最多只是幫助他達到此一終極目標的輔助手段而已。任何人若純以邏輯思考方式或科學哲學的理論尺度來衡量雅斯培的思想，企望從中獲得有關超越的客觀知識，必然會了無所得而大失所望。在他看來，一切他用來表達超越思想的語言和理論，在一旦達到終極追求的目標——也就是超越——時，都是可以拋棄的❶。借用雅斯培的術語來說，他對「超越」所作的種種說明，都只不過是幫助我們躍向超越的「密碼」。密碼只能是我們邁向超越界的工具、手段、或跳板，但它自身（包括有關超越的理論）絕對不是目的。

尋求超越可以說是雅斯培哲學的核心與根本精神。但作爲形

---

❶ 參閱 *Philosophie* I, S. XXIX. / *Philosophy*, I, p.16.

上追求的存在哲學既非神學，亦非宗教或宗教的替代品。它不是教會信徒透過崇拜和祈禱與超越者之間進行的可能對話。超越界本非認知的對象，存在哲學從不質問超越界是什麼，對它來說，只要有超越界就夠了。但是存在哲學要問：超越界對於存在本身究竟有什麼意義，存在如何在不認知超越界的情況下能確定超越的行動。因此整個存在追求超越的過程似乎蘊藏著某種弔詭，而我們也有必要在本章當中對於雅斯培的「超越哲學」作一全面的檢視。

第一節　雅斯培「超越哲學」的全面檢視

對雅斯培而言，有一句話可以充分表現存在的結構與存在哲學的精神，那就是「存在卽超越」。存在哲學是人藉以尋回自我的方式，它是一種超越的思維方式，它不是對象認知，卻照明並實現存在。它不摒棄理性，但也不全依賴理性，而是要藉著存在一起作爲躍向超越的雙翼，並透過密碼，完成超越的目標，也同時實現眞實的存在。由此我們可以看出雅斯培的「超越哲學」包含了三項基本要素：「理性」、「存在」、與「密碼」。但這三者並非各自獨立、互不相干的，相反的，它們三者彷彿是三位一體，相互糾結，且相互爲依的。在雅斯培的超越哲學理論中，我們彷彿看到了一條他構作的「超越之路」，順著這條路，超越在重重的困難與挫敗中，顯露出一絲希望的光芒。

從理性在這「超越之路」當中所扮演的角色而言，它所提供的是「超越的思考方法」，也就是所謂的「形式超越」。雅斯培

所追求的超越當然是個人整體的超越，是「存在」的超越，這超越包括了思想和行動一致的超越。而思考上的超越乃是行動上超越的先決和必要條件。「形式超越」不僅在我們超越的行動上提供實際的指針，而且在思想本身的追求上，讓我們不只停留在限定的對象思考層次，並要進一步去思考那「不可思議的」和「不限定的」存有根基──「存有本身」。但「形式超越」基本上仍是理性的追求，它的追求是普遍的，而非個別的、具體的、歷史性的超越。因此，形式超越的不足必須由「存在的關懷」來加以彌補，而「存在」本身在追求超越的行動上仍需要形式超越所提供的方法程序來完成超越。另外，形式超越讓思考發現自身的不足，而為超越界顯示的密碼預留餘地。換言之，理性得承認自身的限制：光靠理性是不足以完成超越的，它需要「存在」所提供的動力，加上對「超越界」的關懷，配合超越界的「密碼」所透露的訊息，才能使整個超越的行動圓滿達成。

　　從「存在」出發的超越行動，首先要求建立「存在的溝通」──亦即個人真實自我之間的溝通，接著必須培養「歷史性的意識」──亦即個人無法脫離置身於其中的獨特歷史處境而單獨實現存在，對此要有體認，接著再透過「存在的自由抉擇」，並在「界限處境」中從「經驗事物」的層次躍昇到「真正的存在」，如此才能與「超越界」面對面相遇。而作為「可能存在」的人在面對超越界時，有四種對立的可能性：(1) 或是抗拒、或是順服；(2) 或是墮落、或提昇；(3) 或是遵從「白日的法則」，或是順從「夜晚的激情」；(4) 在我們身上所有的這些對立的情形表現出「多」，又與我們企求統一的「一」形成對立。從這些對立可以體會出我們自身的不完美，但也正因這種不完美，我們體會出

「存在」就是那種懸浮於對立兩極中抉擇的可能性，就是自由，而這自由的根源則在那超越我們對象認知的超越界。

由「理性」加上「存在」構作成超越的雙翼，在雅斯培看來仍不足以完成超越的目標。因此要進一步構作「密碼」的理論，以密碼作爲超越界與「世界」的中介，透過密碼超越界向我們說話，並向我們顯示有關它的訊息。而「存在」有了「密碼」作跳板，才能完成超越，但密碼並不能作爲理智所認知的對象，它的意義是懸浮不定的，因此只能透過直觀或體驗而爲存在所把握。密碼是不僅向世界開放，也是向無限、向超越界開放的，因此它的意義也是無限豐富的；換言之，密碼在解讀時，千萬不能自以爲已經掌握住終極和絕對的意義。因爲一旦自以爲已經掌握到超越界密碼的終極意義，很可能會因再度遭遇挫敗的打擊而失望。當然「挫敗」固然可能帶給人打擊和失望，甚或讓人完全絕望，讓人走向幻滅與虛無，但要記住它本身也有可能帶給人轉機，它可以轉變成讓我們重新躍向超越的新密碼，讓我們重新肯定存有，並把握住那永恆的超越界。

下面的圖表，或許可以幫助讀者較輕易地掌握雅斯培整個超越哲學的理論。

雅斯培超越哲學理論簡易圖示

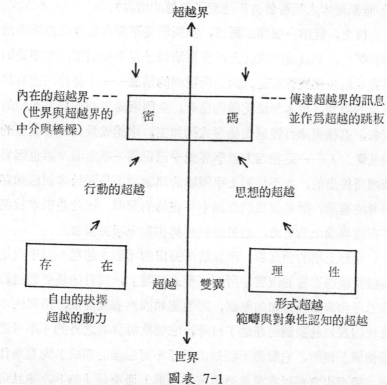

圖表 7-1

　　上述概略的圖示僅是爲了幫助讀者能較容易來掌握雅斯培超越的思想，我們或許不應該把它視爲一項絕對獨一無二的眞理，因爲要達到超越，任何語言文字的說明都是不恰當的，它頂多只能當作一種密碼來看待，透過它所顯示的超越界訊息來幫助我們躍向超越。

　　在我們簡要地介紹過雅斯培的「超越哲學」的理論之後，我們或許可以從下面幾方面來思考雅斯培構作的「超越之路」所蘊含的意義。(1) 雅斯培是否超越了康德認識論的影響? (2) 從自由

走向超越之路究竟是一項普遍經驗，抑或係雅斯培所獨有 ❷?
(3) 雅斯培本人是否曾眞正達到了超越的境界?

　　首先，就第一項問題而言，雅斯培從不諱言他自己深受康德
影響❸。在認識論的成就上，雅斯培似乎遠不如康德，主要是因
爲雅斯培認爲康德在認識論上所達到的結論——「純粹理性有其
自身的限制，根本無法認識物自身，主體所能得到的只是客體的
表象，這種表象再經過先驗形式的加工，才能成爲具有客觀性的
知識❹。」——這在西方哲學界幾乎已視爲一項定論。但也因爲
康德所提出的，並不是形上學領域的理論，不是關於客觀已知存
有者的理論，而是對我們意識中存在物的闡釋。因此他根本放棄
了在認識論上的努力，而另闢蹊徑轉往形上學去發展。

　　從形上學的角度看，雅斯培所提出的「形式超越」似乎就是
要擺脫康德影響的證明。所謂「形式超越」，其目的是要超越範
疇思考和對象性認知的限制，理性認知固然有其界限，但理性本
身就因認知的限制而超越了自身，它要向那界限之外的「不可思
議領域」挑戰，它雖然不能知道這「不可思議的領域」究竟是什
麼，但至少它可以肯定這個領域是「有」而不是「無」，並且這
個「有」還是「絕對的存有」，是作爲自由的「存在」之根基。

---

❷ 此一問題係由項退結教授所提出，參閱項著《現代存在思想家》，臺
　 北，東大，民國75年修定初版，p.78。

❸ "My own thinking moves within the Kantian position." Karl
　 Jaspers, "Reply to my Critics", in Paul Schilpp ed., *The
　 Philosophy of Karl Jaspers*, p.779. 或參閱本書第二章註❾。

❹ Cf. Karl Jaspers, *The Great Philosophers*, vol.I, "Kant",
　 p.277.

所以從雅斯培的形式超越來看，康德實在是根本放棄了作形上探究的努力，不得已才在知識論上求發展，而雅斯培則越過知識論的探求階段，直接進入到形上領域的探求，並認為後者才是哲學的根本要務。

　　至於第二個問題，雅斯培的超越之路究竟是普遍的經驗抑或個人獨特的體驗？這個問題應當也是雅斯培本人最關心，且急於解決的問題。雅斯培的雙翼理論即是針對此一問題所作的思考。就理性的追求而言，它要求一條普遍而為所有人都有效的超昇之路，但它隨時又得避免陷入範疇思考與對象性認知的限定之中，因此「形式超越」的提出，是雅斯培不願放棄理性思考的普遍有效性，但又不受制於對象認知約束的超越努力。從「存在」的實現而言，它對超越的追求完全是個人自身的行動，在界限處境上面對超越時，所作的抉擇也是透過「存在」的自由來完成的。但這一種個人超越努力的經驗可以透過「存在的溝通」來與別人分享，並藉著「形式超越」的思考努力，將這種私下的經驗轉化成普遍的經驗。雅斯培所以不是一位密契主義者(Mystic)❺，主要也是因為它始終並未捨棄理性思考的價值，而理性思考的最主要價值就在於提供作為溝通基礎的普遍概念。另一方面，雅斯培也不是一位理性主義者，因為他的思想並不限定在理性思考的範疇內，他要用範疇來超越範疇，用理性來超越理性自身。因此對於雅斯培的「超越之路」究係普遍的經驗，抑或私下的經驗，雅斯培所選擇的是一條中庸之道。至於他所提供的解決之道究竟是否成功，或令所有人滿意，則屬見仁見智，另一項問題了。

---

❺　參閱本書第三章注❸。

　　第三個問題是，雅斯培本人是否眞正達到了超越？在回答這個問題之前，我們首先應該了解雅斯培所謂的超越究竟是什麼意思。超越固然以實現眞正的「存在」，進入「超越界」爲目標，但是這樣的目標畢竟只是個理想，是人在活著的時候無法眞正完成的。因此，超越眞正的意義不在於目標的達成，而在於追求目標實現的整個過程。對雅斯培而言，超越的追求也就是哲學的追求。他說：「哲學就是在路途之中。哲學問題的提出比提供問題的答案來得重要，而每一個答案又引發新的問題❻。」重視追求的過程甚於目標的實現，似乎也是存在哲學共同的特色。當然，明知眞正要實現超越的目標是不太可能，卻仍然要不斷地努力去追求超越，這是雅斯培和許多大哲學家，如孔子，所具有的精神。明知遭遇挫敗不可避免，明知困難當前，卻無所畏懼地勇往直前，卽使遭遇了挫敗，卻要在挫敗中學習並記取教訓，將每次挫敗化爲一次轉機，變成一個我們可以憑藉重新躍向超越的跳板或密碼，而這就是雅斯培「超越哲學」所具有的積極性意義。

　　雅斯培的「超越哲學」或「存在哲學」理論主要的架構是將可認知的領域和超越界對立起來，而後者只能經由人類界限處境上遭遇的認知挫敗獲得的預感中體驗到；它多少仍然逃離不了西方形上學傳統的二元對立架構。一方面是客觀可認知的領域——將客觀主義知識概念含蓄絕對化的傾向，這是現代哲學的特徵；另一方面則有「哲學信仰」的領域，這是建立在對實現其存在，

---

❻ "Philosophie heißt: auf dem Wege sein. Ihre Frage sind wesentlicher als ihre Antworten, und jede Antwort wird zur neuen Frage." *Einführung in die Philosophie*, S. 13.

並聆聽超越界「密碼」的個別主體的公開承認上 ❼ 。至於有關
「哲學信仰」的進一步闡釋，我們將在下一節詳細交代。

第二節　哲學信仰與啟示宗教

雅斯培哲學中最引人注意、也最引起爭議的問題辨識它對啟
示宗教——特別是基督宗教——的態度和立場。前文中我們提到
過雅斯培曾經承認自己是基督（新教）徒❽，但雅斯培在他的哲
學追求中似乎總是念念不忘他自己哲學家的身份，而刻意隨時要
與神學劃分界限，以免讓人混淆了二者的主要區別與功能。從雅
斯培明白地以「存在」(Existenz) 一詞來代替宗教上的「靈魂」
(Seele)，並用「超越界」(Transzendenz) 來代替「上帝」(Gott)
的作法❾，可以看出他的基本心態：哲學和神學根本是不同的，
即使哲學對神學領域內的某些主題有探討的必要時，也應該使用
哲學所特有的方法、或語詞。對雅斯培而言，哲學家應具備特立
獨行的風格(Unabhangigkeit)，且「應當成為自己思想的主宰」
❿。

不管我們認為雅斯培是標新立異也好，是擇善固執堅守立場

---

❼ Cf. Ludwig Landgrebe, *Major Problems in Contemporary
European Philosophy*, translated by Kurt Reinhardt, New
York: Frederick Ungar Publishing Co., 1966, p.176.

❽ 參閱本書第二章註❾。

❾ 參閱本書第五章註❿。

❿ 同註❻，S.91。

也好，他對於信仰總是有一套獨特的見解。他曾在他的《哲學信仰》一書的開頭說過這樣的話：

> 如果有人問道：我們生活的憑藉和目標是什麼，毫無疑問
> 地會有人回答，憑藉啟示的信仰；因爲除此之外便是虛無
> 主義。……果如其然，就不會有哲學。縱有哲學，整個哲
> 學史也不過是一走向虛無論無信仰的歷史，而另一方面，
> 則有一套爲神學服務的思想體系。如此一來，哲學便無立
> 錐之地了……。任何人膽敢繼承哲學可敬的傳統……便要
> 兩面受敵……。我們(哲學家)應該接受此一挑戰，應努力
> 在自己的哲學思考中向人類的視野開放。哲學不該讓步，
> 於今尤其不該。**⑪**

顯然，雅斯培在啟示的信仰（基督宗教）和虛無論的無信仰
之間，要另外開闢一條道路，這就是他所謂的「哲學信仰」。雅
斯培本人對於那超越的存有根基之追求，就是這種哲學信仰的具
體表現。哲學信仰需要一種在對象認知的界限和世界整體的界限
之外，對「超越界」——即統攝的「存有本身」——作一肯定，
這就稱爲「哲學的基本運作」(die philosophische Grundope-
ration)。哲學信仰基本上也就是一種理性的信仰，因爲理性是這
種信仰所不可少的要素。雅斯培認爲，唯有理性的態度能使我們
避免啟示宗教裏可能導致的偏差：譬如把唯一的上帝變成抽象的

---

⑪ Karl Jaspers, *The Perennial Scope of Philosophy*, translated
by R. Manheim, London: Routledge & Kegan Paul, pp. 7-9.

神，將超越的上帝與世界根本隔離開來，以一種自私的動機或感情用事的態度來與神打交道，把上帝的誡命從單純的倫理基礎變成抽象的法律條文……等等❷。對雅斯培而言，理性要求無限制的溝通， 理性本身也就是普遍的溝通意志 (totaler Kommunikationswill)，而哲學信仰也就是針對溝通、促進溝通的信仰。由於溝通是真理的根源，任何自以為擁有絕對真理的個人或宗教，適足以妨礙溝通而錯失了真理，因此從哲學信仰的立場來看，各種啟示宗教所有的排他性主張，不但沒有必要，而且也不該提出❸。

人在世界各個偉大宗教中，隨意便可發現神秘的形象，他在其中或許可以辨識出某種只可會意，但是卻無法言傳的「永恆真理」。這樣的哲學宗教，並不給那種詮釋信仰確實性的神學留餘地。因為這樣的神學建立在一項假設上，那就是人的具體存在有可能超越某個特殊歷史情境的真實性以及它的特定視野，而進入某種——十分不確定，而且未界定的——超越而神聖的實在領域中。不用我們來強調，這種宣揚某種「永恆真理」的教義，與西方形上學思想的根本架構有密切的關連，而且也蘊含著一種對宗教面向的純主觀論詮釋。這對要求簡單接受的宗教信仰現實當然是不太公平。雖然如此，雅斯培本人堅決相信，這種現實上的缺陷，可以為某種非理性主義的、但卻是「開明的」思考模式——就是哲學信仰——所防止❹。

雅斯培認為哲學信仰是將人與「存有的根基」連結起來的關

---

❷ *Ibid.*, pp. 43-44.
❸ *Ibid.*, p. 88.
❹ 同注❼。

鍵，它是「個人生命的實質」，是「人心深處追求圓滿的推動要素」，是「吾人思考的……根基」，是「所有眞正哲學思維不可或缺的根源」⑮。至於雅斯培哲學信仰的內容，則包括了五項原則：(1)「上帝是實有的」，(2)「有絕對的、無條件的道德律令」，(3)「人是有限，而無法完美的」，(4)「人能在神的指引下生活」，(5)「世界是介於上帝與存在之間，具有幻滅無常性質的實在」⑯。這五項原則，無一能够像世上事物的確定知識一樣來證明。上述這些信仰原則的眞實性只能透過思想的導引來指明、闡明，或喚回心中的。因此哲學信仰的內容是人僅憑自己理性的追求，便可以達到並承認的。但是雅斯培認爲，我們不能把這些信仰的內容當作教條來宣揚，這種企圖根本是一種錯誤，因爲「信仰並不是一種特定的內容，也不是一種教條」⑰。在他看來，信仰絕不能束縛於嚴峻的教條之內。

　　雖然在《哲學》一書內，雅斯培一直使用「超越界」一詞，而不使用「上帝」這個名詞，可是在後來的《哲學信仰》及《哲學導論》兩書中，他卻將二者則交換使用。可見雅斯培相信一個位格性的上帝，殆無疑問。然而，「超越界」與「上帝」二者的

⑮ 參閱 Josef Pieper, *Belief and Faith*: *A Philosophical Tract*, translated of *Über den Glauben* by Richard and Clara Winston, Connecticut: Greenwood Press, 1975, p. 67. 該書業經筆者迻譯爲中文，參閱《相信與信仰》，臺北，聯經，民國74年，p. 56。

⑯ 參閱 L. Erlich, *Karl Jaspers*: *Philosophy as Faith*, Amherst: University of Massachusetts Press, 1975, p. 138.

⑰ "Glaube heißt nicht ein bestimmter Inhalt, nicht ein Dogma..." Karl Jaspers, *Vom Ursprung und Ziel der Geschichte*, München: R. Piper, 1964, S. 268.

概念實際上並不完全等同，因為就雅斯培對「超越界」一詞的用法而言，「超越界」可以指「存有本身」、「一切存有物的終極根基」、「存在自由的來源和賦予者」。因此，超越界除了可以指稱基督宗教的位格性上帝外，還有可能包括非位格性的意義。但是就雅斯培所相信的上帝而言，祂是「聖經宗教」(Biblical religions)——雅斯培以此一名詞指稱包括天主教、基督教、東正教、及猶太教等以聖經新約或舊約為信仰核心的宗教——中所指稱的上帝，而不是斯比諾沙所相信的那個與自然合為一體的上帝。雅斯培承認聖經宗教存在的價值，在於它是西方哲學的根源之一，而且「我們從中獲得了無可取代的真理❽。」

　　至於雅斯培對於基督宗教究竟持著何種立場，以及他是否反對包括基督宗教在內的任何啟示宗教，這一直是個頗令學者與宗教人士爭論的問題❾。對某些保守的教會人士來說，雅斯培並不是一位真正的基督徒，他的哲學信仰與基督宗教教義是根本相違背的，因為他根本不接受基督教義中作為核心信仰的「道成人身」(Incarnation)信理，而且認為相信「道成人身」不僅與上帝的「絕對超越」衝突，也與個人的自由不相容❿。可是在哲學圈中，雅斯培又往往被歸類為有神論的存在主義哲學家，基本上是站在基督宗教的立場來發言的。當然，我們都知道雅斯培一生當中並沒有怎麼接近教會，即使他曾經說過自己是位基督徒，他寧

---

❽　同注⑪，p. 88. "Biblical religion is one of the wellsprings of our philosophy, and in it we gather irreplaceable truth."

❾　參閱項退結著，前揭書，頁72。或請參考 Hans Saner, Karl Jaspers, 張繼武、倪梁康合譯，《雅斯貝爾斯》，北京，三聯書店，1988, pp. 194-196。

❿　David Roberts, *Existentialism and Religious Belief*, New York: Oxford Press, 1966, pp. 266-267.

願以他自己的方式去詮釋信仰，而不在乎教會外在的形式。他自幼
就接受基督教的洗禮與教育，但他寧願不屬於任何教派，他一方
面對天主教思想存有好感，一方面卻仍選擇留在任何教會之外。
雅斯培反對某種特定形式的基督宗教，因為他相信這樣的教會會
流於僵化，他也反對基督宗教內可能會有的偏差，或歪曲正確信
仰態度的傾向。他更反對基督宗教內排他性主張的傾向，他基本
上認為得救的路子絕非只有一條。他認為，個人應該獨立自在地
生活並走向上帝，否則「存在」所必須經歷的冒險就會喪失。

　　總之，雅斯培對基督宗教的批判，還是一切出自他哲學信仰
的立場。他基本上不反對啟示，但他並不相信啟示可以彌補自然
哲學的不足，也反對把啟示的語言當作固定的意義來解釋，他之
所以提出「密碼」（Chiffre）的學說，因為密碼永遠不會有固定
的意義。對他來說，聖經中啟示的語言也可以視為幫助我們躍向
超越的密碼，它們不能只以字面意義來解釋，而必須以一種象徵
性的語言來看待。他在一九四九年召開的日內瓦國際學術討論會
上，曾經作過這樣的表白：

　　　　如果有人談到我時說我不是基督徒，我要提出抗議。因為
　　我們的全部思想都受到基督信仰生活泉源的哺育。但是在
　　一個研究哲學而不贊成啟示信仰的人眼裏，基督變成了一
　　個象徵，相對於其他也是超越界的密碼的象徵來說，它
　　並無額外的權利，而超越界的其他密碼並不從屬於這個象
　　徵。㉑

───────────
㉑ Paul Foulquie, *L'existentialisme*, 高秋雁審譯，《存在主義》，
　臺北，結構群出版，1989，p.116。

不可諱言的，雅斯培哲學信仰與基督宗教的啟示信仰之間，仍存有相當大的差異。照德國當代的一位新士林哲學派的學者皮柏（Josef Pieper）的批評，雅斯培的立場正好反映出西方知識分子相當普遍的一種矛盾心態，這種心態表現出兩種主要特徵：第一，不願意放棄傳統宗教信仰的內涵──即聖經中所含藏的「無可取代的真理」；第二，無法接受那種以啟示信仰為基礎的內涵──雖然唯有啟示的信仰才能使聖經中的真理為我們所認識，並且唯有啟示的信仰才是這些真理最終的保障 ❷。皮柏進一步指出，雅斯培自身的立場有一道深深的矛盾裂痕。因為一方面，雅斯培強調信仰（指哲學信仰）的重要性與絕對必要性，而且願意接受基督宗教啟示主旨中所包含的觀念，可是另一方面，卻嚴峻地排斥信仰（此指啟示信仰），而拒絕接受聖經的真理是啟示。不管皮柏這樣的批評是否公平，但多少卻能夠反映出教會人士對雅斯培哲學的觀感。

至於雅斯培自己對於這樣批評的態度，可以用他自己的話語來回答，他曾這樣明白宣稱：「哲學家不應依附權威，決不能把真理當教條來接受，也不能將自己的得救委諸任何歷史上傳遞下來的啟示」。在他看來，任何心智成熟的知識分子若是這樣輕易地就接受了啟示的信仰，便表示他「個人自由和尊嚴的喪失」❷。

站在教會信徒的立場來看，雅斯培顯然充滿著知識分子的自傲與偏見，他寧願透過自己理性的追求，達到傳統宗教信仰的內涵，也不願放下知識分子的身段，無條件地接受啟示信仰。這樣

---

❷ Josef Pieper, op. cit., p.71.
❸ *Ibid.*, pp.69-70.

的態度無異是假設，一個人若是毫不懷疑地接受啟示的信仰，根本是有損知識分子個人自由與尊嚴的事，非得經過個人自身理性的努力與探求，所獲得的信仰才能表現出個人的自由抉擇與尊嚴。但是從啟示信仰本身來看，信仰內容若是完全可以靠理性來理解與解釋，那也不再是信仰，而是知識了。雅斯培對哲學信仰立場的過分堅持，充分表現出他深受康德以來一脈相承注重理性的影響。我們彷彿覺得雅斯培在啟示的信仰與他的哲學信仰之間，一直在徘徊猶豫著是否要向前跨越一步，但最後仍舊停留在原地。就是由於他對哲學信仰的堅持，使他始終只是一位哲學家，而並未成為神學家。但也因為如此，他為現代哲學開展了一片寬闊的領域，那就是哲學也可以對那超越理性認知的領域展開探求，而不只局限於科學所能探求的領域，這是雅斯培之所以成就為一名偉大的哲學家之處。

第三節　雅斯培超越思想與傳統中國哲學

在我們介紹了雅斯培的主要哲學思想之後，有必要回過頭來看一看他的思想與傳統中國哲學之間，究竟是否有任何可以會通之處。其實，雅斯培對中國哲學絕不陌生，他在一九五七年出版的《偉大哲學家》(Die grossen Philosophen)一書中，共列有十六位東西方的大哲學家，而中國哲學家就佔了兩位：一位是孔子，另一位則是老子。孔子被他列為四大聖哲之一，是「可以作為典範的哲學家」，老子則被列入「具有原創性的思想家」之林。雅斯培本人不諳中文，卻能透過西洋文字的譯作潛心研讀中

國經典。他懷抱著一種大哲的超然心靈與開放的心胸，不僅能深深契入中國大哲的深奧思想，更能扼要地把握住中國傳統文化的精髓。在西方哲學大師的行列中，或許很難再找出一位像他那樣給予中國哲學如此崇高推崇與評價的了。雅斯培極為欣賞中國的思想與文化，他的哲學對東方人或中國人來說，也顯得十分親切而不陌生。他的思想絕不像其他西方的哲學家那般抽象冷漠，相反的，他的哲學處處顯示出生命的熱忱，與追求超越的勇氣。

　　雅斯培還是一位極具道德良知的哲學家，他在二次世界大戰期間，在納粹極權恐怖統治下，絲毫不向強權妥協，卻因此被免除大學教職。他卻利用這段生命中最黯淡的日子，潛心自修、閱讀與寫作不輟。他對於中國哲學的研究也是從這個時期開始的，他透過翻譯的中國經典，對遙遠的中國有著無限的嚮往。他《德國的前途》一書中，曾經這樣自述㉔：

　　　　在納粹統治德國的期間，我潛心研讀中國經籍的譯作，從字裏行間往往讓我有這樣的感覺：那遙遠的東方才是我真正的故鄉。反倒是在我自己的德國同胞之中，我卻彷彿是一位異鄉客，因為他們無處不在逼我走上絕路。從中國三千多年悠久的歷史來看，中國人無異是全人類最文明的民族，而中國的文化也是最優美的。

　　就是由於雅斯培與中國哲學與文化的投緣，而且因他的思想

㉔ Karl Jaspers, *The Future of Germany*, translated by E. B. Ashton, Chicago: The University of Chicago Press, 1967, p. 119.

在某些方面非常切近東方人的心靈，他的哲學也相當受到國人喜愛。雅斯培所談的超越，對中國人來說，也絕不陌生，因爲在傳統中國哲學中就不乏追求超越的體驗。下面就以《中庸》與《莊子》兩本書爲素材，來對儒家與道家當中對超越的追求，稍稍作一說明。

在中國先秦儒家經典中，最能表現出超越思想的，首推《中庸》一書。《中庸》一書終極的關懷是，人如何才能藉著自我提昇的努力來結合人道與天道：「唯天下至誠，爲能盡其性；能盡其性，則能盡物之性；能盡物之性，則可以贊天地之化育；可以贊天地之化育，則可以與天地參矣。」（第二十二章）這一段話明顯地指出一條可以參贊天地化育的超越之道，而超越的關鍵則在乎「誠」、在乎「盡性」。而性爲天之所命（天命之謂性），明指人性有其超越的根源，因此從盡己之性更推而廣之，則能盡人之性，再進一步，能盡物之性，則可以達「天人合一」、參贊天地化育的理想境界。 如果用雅斯培 的超越思想來加以 比對詮釋，盡己之性其實也就是實現個人的自我、或「眞實存在」，而「存在」之性卽是自由，自由的根源同樣是超越界（性爲天之所命）。另外，「至誠」則是指對自己所認同的「存在眞理」（或主觀眞理）的執著態度，則是「哲學信仰」的表現。而從盡己之性到盡人之性，再到盡物之性，則是使超越的行動不落入個人私下的經驗，走向普遍共同經驗的過程；其中必然包含了「存在」間相互的「溝通」，並且打破了主、客間的劃分與物、我間的界線，最後則融入一個作爲「統攝者」的存有自身之中。那也就是贊天地之化育，與天地參的境界。

中國傳統儒家的超越思想基本上是指向「一種心靈活動的超

越，或精神生命的超越」㉕。這種超越也是一種「自我的超越」，或「倫理性的超越」，它要求每個人以「大人」或「聖人」爲目標。而所謂「大人」，《易經》的解釋是：「夫大人者，與天地合其德，與日月合其明，與四時合其序，與鬼神合其吉凶」〈（乾卦文言傳〉）。無論大人或聖人，都要求自己的精神生命和天道或天地的生生之德相合，參與上天造化的工程，能達到這種境界，必然自己的精神生命已不受物欲的牽制，而能從心所欲不踰矩。

總之，儒家所講的超越和雅斯培的超越都注重自我的提升，自我提升的基礎則都來自於那超越界的根源，所不同的是，儒家並未強調理性思考方面的超越，但顯然這一部分已經被囊括在超越行動的體驗之中了。

至於在中國傳統的道家思想當中，我們更可以輕易地發現相當崇高的超越境界。就莊子來說，那作爲萬物根源的「道」乃是超越的，因爲它無形無狀，而且不落言詮：「夫道，有情有信，無爲無形；可傳而不可受，可得而不可見。自本自根，未有天地，自古以固存。神鬼神帝、生天生地。在太極之先而不爲高，在六極之下而不爲深。先天地生而不爲久，長於上古而不爲老」（《莊子‧大宗師》）。道是萬物的根本，而它本身卻再也沒有其他的根源，所以說是「自本自根」。這個「道」也相當於雅斯培所說的「超越界」。《莊子‧逍遙遊》篇中所說的逍遙——亦卽精神的超越，必須與道合一，或與大化爲一，正表示超越的基礎是繫於道，有如雅斯培把超越的基礎歸之於超越界一樣。

_____

㉕ 參閱羅光著，《生命哲學》，臺北，學生書局，民國73年，pp. 312-313。

莊子除了肯定道為萬物根本這一層超越性的意義之外，更強調道無所不在的內在性意義：

> 東郭子問莊子曰：「所謂道，惡乎在？」莊子曰：「無所不在。」東郭子曰：「期而後可。」莊子曰：「在螻蟻。」曰：「何其下耶？」曰：「在稊稗。」曰：「在瓦甓。」曰：「何其愈甚耶？」曰：「在屎溺。」東郭子不應。
>
> 《莊子・知北遊》

就「道在萬物」這層含義而言，無物不能發現道的蹤跡，其實與雅斯培的「密碼說」相當切近。密碼是一種象徵，是超越界的語言，透露超越界的訊息。它本身又是「內在的超越界」，兼有超越與內在雙重性質。而就道而言，它本身雖內在於萬物，它同時仍是超越的。另外，在《莊子》一書中，經常運用「寓言」式筆法，卽「言在彼而意在此」，我們只有把莊子的「寓言」，甚至所有的言辭都當成象徵或「密碼」，才可能掌握住那意在言外的「道」。道就是因為是超越的，才無法以言語或限定的思想來恰當地表達，而只有透過象徵的寓言，藉著其中思想的跳躍，或許才是不可能之中唯一可能的表達方式。

莊子在回歸萬物根源——道——的努力上，開闢了一條他自己的超越之路㉖。這條超越之路首先要透過「心齋」、「坐忘」的工夫，忘掉自我。所謂「心齋」，莊子借孔子的口解釋說：

㉖ 有關莊子超越之路的理解，請參閱鄔昆如著，《莊子與古希臘哲學中的道》，臺北，中華書局，民國65年，第二版，pp.66-91。

「一若志。無聽之以耳，而聽之以心；無聽之以心，而聽之以氣。聽止於耳，心止於符。氣也者，虛而待物者也。唯道集虛。虛者，心齋也」(《莊子‧人間世》)。因此，心齋也就是擺脫心中一切思考與慾念，讓自我變成「虛」的狀態，「道」才能進來充實。而「坐忘」的解釋則是：「墮肢體，黜聰明，離形去知，同於大通；此謂坐忘」(《莊子‧大宗師》)。因此，所謂「坐忘」其實就是忘掉自我，同於無所不通的大道。「心齋」與「坐忘」其實不僅是達到「道」的方法，也是同一境界的兩種稱謂，就是由墮聰黜明（擺脫並超越理性認知），進一步至於萬念俱空、純然虛靜的境地，則可以容納下那超越的大道，與道合而為一。

從「心齋」、「坐忘」，到虛靜、同於大道，表面上雖然是消極的忘我或「喪我」，可是有進一步積極的含義，那也就是通過「物化」而打破物、我的界限，進入「道通為一」的統攝中。莊子借用寓言「胡蝶夢」來解釋那使物、我（主、客）得到統一的「物化」：

> 昔者莊周夢為胡蝶，栩栩然胡蝶也；自喻適志與，不知周也。俄然覺，則遽遽然周也。不知周之夢為胡蝶與？胡蝶之夢為周與？周與胡蝶，則必有分矣。此之謂物化。《莊子‧齊物論》

莊子借用「物化」而達物我泯滅、主客合一的境界，頗類似於雅斯培藉「形式超越」來超越對象認知，進入那統攝主客的超越思考境界中。因此，「物化」也是莊子自我超越的一種方法，能「物化」也就能體認「天地與我並生、萬物與我為一」，並進

一步「與造物者遊」。

道家的超越基本上是：「玄之又玄，有和無相合，相對和絕對相合，有限和無限相合。人的精神生命，直飛到生命的頂點。一切不可言，不可思議㉗。」

方東美先生在其《中國哲學之精神及其發展》一書中，曾提及：「中國形上學表現爲一種『旣超越又內在』、『卽內在卽超越』之獨特形態 (transcendent immanent metaphysics)，與流行於西方哲學中『超自然或超絕形上學』(praeternatural metaphysics)，迥乎不同㉘。」又說，中國思想家當中絕少採取此種形態之形上學，之所以如此，「係有鑑於其所謂『超絕』云云，對自然界與超自然界之和合無間性與賡續連貫性，顯然有損，同時兼對個人之完整性，亦有所斲傷。……㉙」方先生所謂「超絕」係指西方哲學當中二元對立之傾向，如「絕對實有」與「絕對虛無」間所形成之二界對反，「眞」與「妄」、「善」與「惡」、「靈」與「肉」、「超自然界」與「自然界」等對立之二界之間相互隔絕，有永遠無法彌補的鴻溝㉚。

在雅斯培的哲學中猶隱然可見此種二元對立之影響，他所提出的「統攝者」概念就是爲著要克服主客分裂的二元對立所作的努力。而他的超越之路也是爲在世界與超越界之間找尋通路與橋樑。因此，方東美先生批評的西方傳統哲學中流行的「超絕」形態形上學，絕不適用於描述雅斯培的形上學。因爲雅斯培的哲學

㉗ 羅光，前揭書，p. 321。

㉘ 方東美著，孫智燊譯，《中國哲學之精神及其發展》，上冊，臺北，成均，民國73年，p. 3。

㉙ 同上，p. 30。

㉚ 同上，p. 28。

思考基本上是一種統攝的思考，而且他的「密碼」兼有超越與內在的性質；另外，就「存在」與「超越界」的關係而言，也表現出一種「即存在即超越」的特色。雖然，雅斯培哲學是西方哲學二元對立傳統下的產物，但卻具有一種調和與圓融的精神。

東西方的哲學中不乏以超越爲目標的追求，然而卻可以說是「天下一致而百慮，同歸而殊途」，思考方法上容或有各自不同的差異，然而在終極的目標追求上卻都是一致的。可是在追求超越的過程中，東西雙方對於用語言描述這種深刻內在的體驗，也都體會到語言本身的不足和限制，而即使要勉強表達，也往往會有「言不盡意」的顧慮。在此我們願意用莊子的話來作爲結語，「筌者所以在魚，得魚而忘筌；蹄者所以在兔，得兔而忘蹄；言者所以在意，得意而忘言」（《莊子‧外物》）。東西方大哲學家的深奧哲理與高超的形上境界，往往不是膚淺的言辭所能表達於萬一的。本書或許對於讀者掌握雅斯培這位存在哲學大師的基本哲學思想理念，能有若干助益，但是如果想要真正從中尋求到那「超越之路」之鑰，則一定要拋開語言和文字的束縛，而在那「意在言外」之處去求取了。

第四節　雅斯培哲學的現代意義

二十世紀英國的大哲學家羅素（Bertrand Russell）曾經把人分作兩種：一種是「根據本能生活的人」（instinctive man），這種人只顧現實利益，只承認物質的需要，卻根本不承認哲學以及其他精神方面追求的價值。他們從未受過哲學的薰陶，終身困頓

在個人的偏狹與成見裏，他們關懷的只是個人自身的利益，卽使可以將此關懷擴大到家人及親友，通常也是出自自私的目的。另一種人則是承認哲學價值，且度一種哲學默觀生活的人，這種人深知人類不僅需要靠食物來滋養肉體，更需要精神的食糧來滋補心靈，才能維繫身心的平衡。人若是要想擺脫物欲與習俗的羈絆，並獲得眞正的自由，哲學的默觀就是一條解脫的方式[31]。

羅素與雅斯培可以說是兩個完全不同類型的哲學家，雅斯培是歐陸存在思潮下的產物，而羅素則是邏輯分析的大師。可是我們從羅素的《哲學問題》(*The Problem of Philosophy*) 一書——特別是其中第十五章〈哲學的價值〉一文——中，可以看出他所提到的「哲學默觀」(philosophic contemplation)，其實和雅斯培所說的「沉思」(die Meditation)，或「哲學默觀」(philosophische Besinnlichkeit) 有若合符節之處。所謂的「哲學默觀」，羅素的解釋是：「我們從『非我』出發，透過默觀非我的偉大，自我的疆域也擴大了；透過我們所默觀宇宙的無邊無際，默觀它的心靈也多少分享了它的無限性[32]。」對羅素來說，眞正的哲學默觀並不以擴大自我爲目的，也不以自我的擴大爲滿足，反倒是以「非我」的擴大爲滿足，因爲在默觀的對象擴大之際，默觀它的主體也因而成長。透過哲學所默觀的宇宙之偉大，人的心靈也偉大起來，也能與那構成最高善的宇宙融合爲一體[33]。雅斯培所說的「哲學默觀」或「沉思」，乃是每個人每日都應該從

---

[31] Cf. Bertrand Russell, *The Problems of Philosophy*, New York: Oxford University Press, 1974, pp. 153f.

[32] *Ibid.*, p. 159.

[33] Cf. *Ibid.*, pp. 160-161.

事的深刻反省。 它包括了三方面的省察: (1) 自我反省: 個人每日對自己的所思、 所行、 所感加以省察。(2) 超越的省思: 在哲學方法指導下, 去對 「存有本身」 設法獲得了解。(3) 對當下該做什麼的反省: 主要是能將先前的省思轉化成行動, 而不流於空談。對雅斯培來說, 哲學的默觀與宗教的默觀不同, 哲學的默觀沒有神聖的對象, 沒有神聖的場所, 也沒有固定的形式, 它是在獨處中尋找自身根源的努力❸ 。

我們若是拋開先入為主的門戶之見, 便可以發現無論東方西方, 無論古今中外, 凡是眞正的大哲學家或智慧與眞理的熱心追求者, 都有一點最起碼的共同體認: 即哲學絕不只限於形而下經驗實證的追求, 哲學除了探求形而上的原理與原則之外, 最寶貴之處就在於它對超越人理性認知之外的絕對與無限的關懷。對雅斯培來說, 這就是超越的追求; 而對羅素來說, 則表現在哲學默觀上。儘管每位哲學家都有自己各自關心的哲學問題, 但是終極問題的關懷卻是所有哲學追求之中不可少的, 否則他的哲學便不完整, 是有缺憾的哲學。

在物質豐盈不虞匱乏的今天, 我們要是觀察我們的周遭, 便可以發現有許多像羅素所描寫的那種「根據本能而生活的人」。這些人目光短淺, 只顧眼前, 生活中只有現實, 沒有理想, 他們不僅拋棄了任何宗教信仰, 生活中更沒有哲學立足的餘地。這種人可以說是面臨了現代人的典型三重疏離: 人與自然的疏離、人與人的疏離、人與神的疏離。由於這樣的疏離, 人變得孤立、痛苦、絕望。這種現代人所面臨的困境與危機, 人若是不返回到宗

---

❸ Cf. Karl Jaspers, *Einführung in die Philosophie*, S. 93-94.

教的懷抱，又拒絕哲學的召喚，就注定要走向毀滅與虛無的路子
上去。

　　對於現代人所面臨的種種困境與危機，雅斯培的哲學至少具
有下列三重意義：

　　第一、雅斯培哲學中所指引的方向可以幫助現代人尋回自己
的價值，避免走向虛無主義毀滅的道路。他的「存在哲學」一再
要人眞誠地面對自我，透過自由的抉擇去實現眞正的「存在」。
現代人卽使可以拋棄宗教，但絕不能同時拋棄哲學，因爲二者同
時拋棄的結果，便意味著精神生活的喪失，也意味著逐步走向虛
無與毀滅。在日常生活中養成哲學思考的習慣，如此卽使遭遇困
頓與挫折，也能够重拾信心與勇氣，把先前的挫敗當作超越的
「密碼」或跳板，再一次努力去超越先前的自我，躍向超越之
路。當然，雅斯培絕不認爲，他的哲學應被人們當做唯一的眞理
與救世良方。相反的，他認爲每個人都應該做自己思想的主宰，
爲此也應該在日常生活中養成哲學思考的習慣，過一種哲學的生
活。其實，每一個精神處於空虛、茫然、灰暗的現代人，每一個
爲世俗忙碌生活所吞蝕、且感到迷失的個人，都有一種過哲學生
活的盼望。只有哲學可以拯救現代人的空虛與迷惘，因爲哲學是
一種反省，一種抉擇，是使我們喚醒自身內的「原始根源」，重
新尋回自己的一種內在行動。喚起大家對於哲學思考的重視，這
是雅斯培的哲學中一再呼籲的。

　　第二、雅斯培的哲學使我們了解，人與人之間的溝通不但可
欲，而且可能實現。在前面提及的哲學生活中，除了獨自的省思
或冥想之外，還必須要有與他人的溝通，自己所體悟到的眞理才
有測試、印證的機會。不像法國的存在主義者沙特，根本不相信

人與人之間的真正溝通是可能的，雅斯培寧願對人際關係的建立抱持一種比較樂觀的態度。對他來說，個人在獨處的反省中自覺有所獲，並不真正能算數。一切的體悟都必須在與他人溝通得到印證之後才能有 充分成立的基礎 。 這也是為什麼雅斯培一再強調：「真理從兩個人開始 (Die Wahrheit beginnt zu zweien) ㉟ 。」人與人之間的疏離是現代人嚴重的危機之一，補救之道只有從加強人際之間的溝通著手，當然哲學的思考並無法回答「真正的溝通是否有可能？」這個問題，但是如果我們相信有這種可能，成功的機會會大一些。

　　第三、雅斯培的哲學向我們指出，要實現真正的自我或「存在」，就必須追求超越。超越界是個人存在和自由的保證。對雅斯培來說，「一切哲學的追求都是為了獲取超越界的確定性這個目標而進行的㊱。」哲學追求既然以超越界為目標，它的起點則是從人出發。哲學若是要有意義，它不能只是純粹抽象或學術的活動，它必須是一套可以生活的哲學。它是一種我可以憑藉在具體的生活環境中實現各種可能的活動。哲學造成我們意識的徹底改變， 在這改變中， 「 存有本身 」 以一種不同的方式呈現給我們。哲學就是人與超越界之間的聯繫，它源自於人存在的內在核心。現代人之所以會迷失，就在於他拋棄宗教信仰之後，又沒有哲學的生活，失去了與超越界之間的聯繫，他的自由以及自我都變得沒有根基。現代人若是要尋回自我，首先就必須承認超越界

㉟ *Ibid.*, S. 95.

㊱ Karl Jaspers, "Existenzphilosophie," *Existentialism from Dostoevsky to Sartre*, ed. Walter Kaufmann, New York: The World Publishing Co., 1969, p. 52.

的存在，透過哲學的追求，準備超越之路，並銘記在心，而在關鍵的時刻，以個人整個存有的行動完成超越。雅斯培哲學的特色可以說是「既存在又超越」、「即超越即存在」。個人真實的存在就在超越的行動中實現，而一旦達成超越同時也就完成了個人真實的存在。

雅 斯 培 年 表

1883年　誕生於德國北海邊的小城奧登堡。

1901年　入大學攻讀法律。

1902年　轉行習醫。

1909年　獲海德堡大學醫學博士，論文題目為《思鄉病與犯罪》
（*Heimweh und Verbrechen*）。旋即獲聘為母校精神病
院擔任研究助理。

1910年　與葛露德・瑪葉 (Gertrud Mayer) 小姐結婚。

1913年　第一本重要著作 《普通精神病理學》 (*Allgemeine
Psychopathologie*) 出版，並應聘海德堡大學哲學院教
授心理學。

1919年　《宇宙觀的心理學》(*Psychologie der Weltanschau-
ungen*) 出版，在書中他已經孕育出他的「存在哲學」，
並奠定了他未來思想的基礎。

1921年　受聘擔任海德堡大學哲學系教授，加緊系統研讀哲學名
家著作。

1931年　《當代的精神處境》(*Die geistige Situation der Zeit*)
出版，該書乃針對當時的時代環境，作一全面而深層的
反省。 同年十二月， 雅斯培最重要的哲學著作，《哲
學》(*Philosophie*) 一書共三卷出版。 該書出版後，雅

斯培在哲學界的聲名大噪。

1935年 《理性與存在》(*Vernunft und Existenz*) 一書出版，雅斯培在此書首次提及「統攝者」(das Umgreifende) 的概念。

1937年 雅斯培遭納粹解除大學教職。

1938年 《存在哲學》(*Existenzphilosophie*) 一書出版。

1945年 納粹政權敗亡，雅斯培恢復海德堡大學教職。

1947年 《哲學邏輯，卷一：論眞理》(*Philosophische Logik, Vol. I: Von der Wahrheit*) 一書出版，該書爲雅斯培在納粹統治期間之研究成果。

1948年 應聘赴瑞士巴塞爾大學 (University of Basel) 任教。《哲學信仰》(*Philosophische Glaube*) 一書出版。

1949年 《歷史的起源與目標》(*Vom Ursprung und Ziel der Geschichte*) 一書出版。

1950年 《哲學導論》(*Einführung in die Philosophie*) 一書出版。

1957年 《偉大哲學家》(*Die großen Philosophen*) 上册出版，該書證明雅斯培是位極具洞見的哲學史家。

1961年 在巴塞爾大學退休，榮膺名譽講座。

1965年 《哲學淺論》(*Kleine Schule des philosophischen Denkens*, Vorlesungen) 一書出版。

1969年 在瑞士巴塞爾去世，享年八十六歲。

參 考 書 目

I、雅氏著作部分 (Works by Karl Jaspers)：

此處所列僅以本書已徵引者爲限，並不完整。比較完整的書目可參考施爾普 (Paul Arthur Schilpp) 教授所編之《雅斯培的哲學》(*The Philosophy of Karl Jaspers*) 一書的附錄。

一、德文原典： （書目順序按對本書參考之重要性排列）

1. *Philosophie*, Erster Band, *Philosophische Weltorientierung*. Zweiter Band, *Existenzerhellung*. Dritter Band, *Metaphysik*. Vierte, unveranderte Auflage, Berlin, Heidelberg: Springer Verlag, 1973.
2. *Vernunft und Existenz*: *Fünf Vorlesungen*. München: R. Piper & Co., 1973.
3. *Einführung in die Philosophie*. Zwolf Radiovortrage. München: R. Piper & Co., 1971.
4. *Kleine Schule des Philosophischen Denkens*. München: R. Piper & Co., 1977.
5. *Existenzphilosophie*: *Drei Vorlesungen*. Berlin: W. de Gruyter & Co., 1964.
6. *Der Philosophische Glaube*: *Gastvorlesungen*. München: R. Piper & Co., 1963.
7. *Vom Ursprung und Ziel der Geschichte*. München: R. Piper

& Co., 1964.

8. *Philosophische Autobiographie*: *Erweiterte Neuausgabe*. München: R. Piper & Co., 1977.

9. *Chiffren der Transzendenz*. Herausgegeben Von Hans Saner, München: R. Piper & Co., 1977.

10. *Von der Wahrheit*: *Philosophische Logik*, Erster Band. München: R. Piper & Co., 1958.

二、英文譯本（In Engilsh Translation）

11. *Philosophy*. 3 vols. Translated by E.B. Ashton. Chicago and London: University of Chicago Press, 1969-71. (Translation of item 1.)

12. *Reason and Existenz*. Translated by W. Earle. London, Toronto, and New York: The Noonday Press, 1973. (Translation of item 2.)

13. *Philosophy of Existence*, Translated by R.F. Grabau, Philadelphia: University of Pennsylvania Press, Second Printing, 1972. (Translation of item 5.)

14. *The Perennial Scope of Philosophy*. Translated by R. Manheim. London: Routledge & Kegan Paul, 1950. (Translation of item 6.)

15. *Way to Wisdom*. Translated by R. Manheim. New Haven: Yale University Press. Eighth printing, 1966. (Translation of item 3.)

16. *Philosophy is For Everyman*: *A Short Course in Philosophical Thinking*. Translated by R.F.C. Hull and G. Wels. New York: Harcourt, Brace & World, 1967. (Translation of item 4.)

17. *Man in the Modern Age*. Translated by E. Paul and C. Paul. New York: Doubleday & Co., 1957. (Translation of

Die geistige Situation der Zeit.)

18. *Truth and Symbol.* Translated by J. T. Wilde, W. Kluback, W. Kimmel. New Haven: College and University Press, 1959. (Translation of excerpt from *Von der Wahrheit.*)

19. *The Origin and Goal of History.* Translated by M. Bullock. New Haven: Yale University Press, 1953. (Translation of item 7.)

20. *Myth and Christianity.* New York: The Noonday Press, 1958. (Translation of *Die Frage der Entmythologisierung.*)

21. *The Great Philosophers: The Foundations, The Paradigmatic Individuals: Socrates, Buddha, Confucius, Jesus; The Seminal Founders of Philosophical Thought: Plato, Augustine, Kant.* Edited by H. Arendt. Translated by R. Manheim. New York: Harcourt, Brace & World, 1962.

22. *The Great Philosophers: The Original Thinkers: Anaximander, Heraclitus, Parmenides, Plotinus, Anselm, Nicholas of Cusa, Spinoza, Lao-Tzu, Nagarjuna.* Edited by H. Arendt. Translated by Manheim. New York: Harcourt, Brace & World, 1966.

23. *Reason and Anti-Reason in our Time.* Translated by S. Godman. Hamden, Connecticut: Shoe String Press, 1971. (Translation of *Vernunft und Widervernunft in unserer Zeit.*)

24. *The Future of Mankind.* Translated by E. B. Ashton. Chicago: University of Chicago Press, 1973. (Translation of *Die Atombombe und die Zukunft des Menschen.*)

25. "Philosophical Autobiography" and "Reply to My Critics" in *The Philosophy of Karl Jaspers*, Edited by Paul Arthur Schilpp. New York: Tudor Publishing Co., 1957.

26. "Existenzphilosophie" in *Existentialism from Dostoevsky to Sartre*, ed. Walter Kaufmann, New York: The World Publishing Co., 1969.

三、中文譯本

27. 《當代的精神處境》，黃藿譯，臺北，聯經，民國74年。
   譯自 *Die geistige Situation der Zeit.*
28. 《哲學淺論》，張康譯，臺北，東大，民國67年。
   譯自 *Philosophy is for Everymam.*
29. 《悲劇之超越》，葉頌姿譯，臺北，巨流圖書，民國72年。
   譯自 *Tragedy is no Enough.*
30. 《孤獨漂泊的尼采》，李永熾譯，臺北，牧童，民國66年。
31. 《四大聖哲》，傅佩榮譯，臺北，業強，民國74年。
32. 《雅斯培論教育》，杜意風譯，臺北，聯經，民國72年。
   摘譯自 *Was ist Erziehung*?
33. 《智慧之路》，周行之譯，臺北，志文，民國69年再版。
   譯自英文譯本: *Way to Wisdom.*
34. 《四大聖哲》，賴顯邦譯，臺北，自華，民國75年。
35. 《柏拉圖》，賴顯邦譯，臺北，自華，民國75年。
36. 《奧古斯丁》，賴顯邦譯，臺北，自華，民國75年。
37. 《康德》，賴顯邦譯，臺北，自華，民國75年。

Ⅱ、其他參考書目 (Secondary Sources)：

一、英文部分 (In English)：（按作者姓氏字母排列）

38. Aristotle, *Metaphysics*, trans. W.D. Ross in R. Makeon
   ed., *The Basic Works of Aristotle.* New York: Random
   House, 1941.
39. Augustine, St., *The Confessions of St. Augustine*, Trans.

F. J. Sheed, New York: Sheed & World, 1942.

40. Blackham, H. J., *Six Existentialist Thinkers*, New York: Harper & Row, 1959.

41. Bretall, Robert. ed., *A Kierkegaard Anthology*, New York: Modern Library, 1971.

42. Collins, James. *The Existentialists: A Critical Study*, Chicago: Henry Regnery Co., 1968.

43. Copleston, Frederick. *Contemporary Philosophy: Studies of Logical Positivism And Existentialism*. London: Search Press, 1973.

44. Delfgaauw, Bernard, *Twentieth Century Philosophy*, trans. N. D. Smith, Dubiln: Gill & Macmillan, 1969.

45. Ehrlich, Leonard. *Karl Jaspers: Philosophy as Faith*, Amherst: University of Massachusetts Press, 1975.

46. Hamlyn D. W., *Metaphysics*, Cambridge: Cambridge University Press, 1984.

47. Leifer, Walter. ed., *Man and Philosophy*, Munich: Max Hueber Verlag, 1967.

48. Landgrebe, Ludwig, *Major Problems in Contemporary European Philosophy: From Dilthey to Heidegger*, translated from the German by Kurt F. Reinhardt. New York: Frederick Ungar Publishing Co., 1966.

49. Kaufmannn, Walter. *Existentialism from Doetoevsky to Sartre*, New York: World Pubishing Co., 1962.

50. O'Connor, D. J. ed., *A Critical History of Western Philosophy*, Toronto, Ontario: Collier-Macmillan Canada, Ltd., 1968.

51. Patka, Frederick. *Existentialist Thinkers and Thought*, New York: Philosophical Library, 1962.

52. Pieper, Josef. *Belief And Faith: A Philosophical Tract*. trans. Richard and Clara Winston, Westport, Connecticut: Greenwood Press, 1975.

53. Reith, Herman, *The Metaphysics of St. Thomas Aquinas*, Milwaukee: Bruce Publishing Co., 1962.

54. Roberts, David. *Existentialism And Religious Belief*, New York: Oxford University Press, 1966.

55. Russell, Bertrand, *The Problem of Philosophy*, London: Oxford University Press, 1974.

56. Schilpp, Paul. *The Philosophy of Karl Jaspers*, Second, augmented edition, La Salle, Illinois: Open Court Publishing Co., 1981.

57. Schrag, Oswald. *Existence, Existenz, and Transzendence: An Introduction to the Philosophy of Karl Jaspers.* Pittsburgh: Duquesne University Press, 1971.

58. Van Steenberghen, C.F. *Ontology*, Brussels: University of Louvain, 1963.

59. Wallraff, Charles F., *Karl Jaspers: An Introduction to His Philosophy.* New Jersey: Princeton University Press, 1970.

二、中文部分：（依姓氏筆劃排列）

60. 方東美著，孫智燊譯，《中國哲學之精神及其發展》，臺北，成均，民國73。

61. 李震著，《中西形而上學比較研究》，上下兩冊，臺北，中央文物供應社，民國71年。

62. 牟宗三著，《中國哲學的特質》，臺北，學生，民國63年。

63. 唐君毅著，《中國哲學原論：原道篇》，臺北，學生，民國66年。

64. 陳鼓應編，《存在主義》，臺北，商務，民國77年。

65. 陳鼓應譯，《存在主義哲學》，臺北，商務，民國78年。

66. 張默生著，《莊子新譯》，臺北，漢京，民國74年。

67. 張繼武，倪梁康譯，《雅斯貝爾斯》，北京，三聯，1988年。

68. 項退結編譯，《西洋哲學辭典》，臺北，國立編譯館，先知，民國65年。

69. 項退結著，《邁向未來的哲學思考》，臺北，先知，民國64年。
70. 項退結著，《現代存在思想研究》，臺北，現代學苑，民國59年。
71. 項退結著，《現代存在思想家》，臺北，東大，民國75年。
72. 項退結著，《現代中國與形上學》，臺北，黎明，民國70年。
73. 項退結著，《海德格》，臺北，東大，民國78年。
74. 勞思光，《存在主義哲學》，香港，亞洲，民國48年。
75. 勞思光，《中國哲學史》，三卷共四冊，香港，中文大學，1980年。
76. 黃錦鋐著，《莊子讀本》，臺北，三民，民國63年。
77. 黃宗仁譯，《從存在主義到精神分析》，臺北，杏文，民國66年。
78. 黃藿譯，《相信與信仰》，臺北，聯經，民國74年。
79. 傅佩榮著，《儒道天論發微》，臺北，學生，民國74年。
80. 鄔昆如著，《存在主義透視》，臺北，黎明，民國64年。
81. 鄔昆如著，《存在主義論文集》，臺北，先知，民國64年。
82. 鄔昆如著，《現象學論文集》，臺北，先知，民國64年。
83. 鄔昆如著，《西洋哲學史》，臺北國立編譯館，正中，民國60年。
84. 鄔昆如著，《莊子與古希臘哲學中的道》，臺北，國立編譯館，中華，民國65年。
85. 趙雅博著，《存在主義論叢》，臺北，大中國圖書，民國57年。
86. 鄭聖沖著，《存在的奧秘》，臺北商務，民國64年。
87. 蔡英文譯，《康德》，臺北，聯經，民國73年。
88. 羅光著，《中國哲學思想史：先秦》，臺北，學生，民國71年。
89. 羅光著，《生命哲學》，臺北，學生，民國74年。
90. 保羅·富爾基埃著，《存在主義》，結構群，臺北，1989年。

索 引

I. 西文人名地名索引：

Husserl, Edmund 胡塞爾

J

Jaspers, Karl 雅斯培

K

Kant, Immanuel 康德
Kierkegaard, Sø̸ren 齊克果
Knauss, Gerhard 柯瑙思

M

Marcel, Gabriel 馬塞爾
Mayer, Ernst 恩斯特・瑪葉
Mayer, Gertrud 葛露德・瑪葉

N

Nietzsche, Friedrich 尼采

O

Oedipus 伊底帕斯
Oldenburg 奧登堡

P

Plotinus 柏羅丁
Prometheus 普羅米修斯
Pieper, Josef 皮柏

R

Rickert, Heinrich 黎克特
Russell, Bertrand 羅素

S

Saner, Hans 沙納
Sartre, Jean-Paul 沙特
Schilpp, Paul Arthur 施爾普
Spinoza 斯比諾沙

II. 西文專門名詞索引:

A

Abfall 墮落

Apperzeption 統覺

Aufstieg 提昇

Ausnahmen 例外

Augenblick als die Identität von Zeitlichkeit und Zeitlosigkeit, der 結合時間與永恆的剎那

absolute Scheitern 絕對的挫敗

absurde Paradoxie 荒謬的弔詭

alles ist Bewußtsein 一切皆意識

alles oder nichts 全部或是虛無

an inner action of transcending thought 一種超越思考的內在行動

B

Bewußtsein überhaupt 意識自身

Biblical religions 聖經宗教

Being per se 存有本身

bloßes Dasein 單純的經驗事物

C

Chiffre 密碼

Chiffren der Transzendenz 超越界的密碼

Chiffreschrift 密碼文字

Cogito 思維我
causa sui 自因
counter-rational 反理性

D

Dasein 經驗事物
Ding an sich 物自身
Denken eines Nichtdenkens, das 不思之思
deutbare Symbolik 指意的象徵

E

eigentliches Transzendieren 眞正超越
ein Sprung 躍昇
eine persönliche Beziehung 位格間的關係
ens rationis 普遍眞確事物
er ist nicht nur da 它不僅是在那兒而已
Erfahrung des Ungenügens 不滿的經驗
Erhellen möglicher Existenz 可能存在的照明
ewige Gegenwart 永恆的現在
ewigen Wiederkehr 永恆的回歸
existence 存在
existentielle Antriebe 存在的動力
existentielle Bezüge zur Transzendenz 面對超越界的存在上之關係
existentielle Kommunikation 存在的溝通
existentielle Pathos 存在的情懷
existentielle Freiheit 存在的自由
Existentialism 存在主義
Existenz 存在
Existenzerhellung 存在照明
Existenzialphilosophie 存在的哲學
Existenzphilosophie 存在哲學

Kommunikation 溝通

L

Leiden 痛苦
liebender Kampf 愛的掙扎

M

Metaphysik 形上學
Möglichkeit 可能性
metaphysische Liebe 形上之愛
mögliche Existenz 可能的存在
mystic 密契主義者
Meditation 沉思

N

negative Theologie 否定神學
non-rationality 非理性

O

Object 客體

P

Phenomenology 現象學
Philosophie 哲學
Philosophieren 哲學追求
Philosophische Glaube 哲學的信仰
paradox 弔詭
particulars 殊相
philosophische Grund-operation, die 哲學的基本運作
philosophia perennis 永恆哲學
praeternatural metaphysics 超自然或超絕形上學
philosophische Besinnlichkeit/philosophic contemplation 哲學默觀

R

res cogitans 思維主體

S

Satz der Immanenz 內在性的原則

Satz des Bewußtseins 意識的原則

Scheitern 挫敗

sich aufhebende Denken, das 揚棄自身的思考

Schuld 罪惡感

Seele 靈魂

Seiendes 存有物

Sein des Seins, das 存有的存有

Sein an sich 存有本身

Subjekt-Objekt-Spaltung, die 主客的分裂

Selbstsein 自我存有

sich selbst vernichtende Dialektik 自我消除的辯證法

Situation 處境

Sprung 躍昇

Staunen 驚異

Symbolik 象徵

schaubare Symbolik 直觀的象徵

sich gewiß werden 弄清自己

sich selbst werden 成為自己本身

sich selbst bewußt werden 意識到自我本身

subjectivity 主體性

substantiellen Einsamkeit des universal Wissenden 普遍認知者的實
質孤寂

T

Tautologie 語意重複的方式

Tod 死亡

Transzendentale Freiheit 超越的自由

Transzendenz/Transcendence 超越界，超越者

Transzendieren/transcending 超越

Trotz 抗拒

things in being 存有中的事物

to be or not to be 存或不存

totale Kommunikationswille 普遍的溝通意志

transcendentalia/transcendental properties 超級特徵

transzendierende Gedanken/transcending thinking 超越的思考

transzendentale Methode, die 超越方法

transcendent immanent metaphysics 卽內在卽超越之形上學

U

Umgreifende, das 統攝者

unbekannten Gott 未知的上帝

Ultimate Being, the 終極存有

Übermensch 超人

Unabhangigkeit 特立獨行的風格

Unglaube 無信仰

unendliche Reflexion 無止境的反思

universals 共相

urspüngliche Transzendieren 原初性的超越

V

Vernunft 理性

Verstand 理智

Vorsehung 天意

via negativa 否定之路

W

Wahrheit beginnt zu zweien, die 眞理從兩個人開始

Wahl 抉擇

Welt, die 世界

Weltbild 世界圖像

Weltorientierung 世界定向

Weltsein 世上存有物，世界存有

Widerspruch 自相矛盾的言詞

Wiener Kreis 維也納學圈

Willkur 隨意

Wissen 認知

wirkliche Existenz in Grenzsituationen 界限處境中的眞正存在

wahre Kommunikation, die 眞正的溝通

Z

Zweifel 懷疑

III. 中文專門名詞索引：

一　劃

一切皆意識 alles ist Bewußtsein

一種超越思考的內在行動 an inner action of transcending thought

三　劃

上帝 Gott

四　劃

不思之思 das Denken eines Nichtdenkens

不滿的經驗 Erfahrung des Ungenügens

內在性 Immanenz

內在性的原則 Satz der Immanenz

內在的超越界 immanente Transzendenz

反理性 counter-rational

天意 Vorsehung

弔詭 paradox

五　劃

世上存有物，世界存有 Weltsein

世界 Welt, die

世界定向 Weltorientierung

世界圖像 Weltbild

主客的分裂 die Subjekt-Objekt-Spaltung

主體性 subjectivity

可能存在的照明 Erhellen möglicher Existenz

可能性 Möglichkeit

可能的存在 mögliche Existenz

未知的上帝 unbekannten Gott

永恆的回歸 ewigen Wiederkehr

永恆哲學 philosophia perennis

永恆的現在 ewige Gegenwart

六　　劃

全部或是虛無 alles oder nichts

共相 universals

存在 Existenz

存在 existence

存在主義 Existentialism

存在的自由 existentielle Freiheit

存在的哲學 Existenzialphilosophie

存在的動力 existentielle Antriebe

存在的情懷 existentielle Pathos

存在的溝通 existentielle Kommunikation

存在哲學 Existenzphilosophie

存在照明 Existenzerhellung

存有中的事物 things in being

存有本身 Sein an sich

存有本身 Being per se

存有物 Seiendes

存有的存有 das Sein des Seins

存或不存 to be or not to be

成為自己本身 sich selbst werden

此有 Dasein

死亡 Tod

自由 Freiheit

思維我 Cogito
指意的象徵 deutbare Symbolik
界限處境 Grenzsituation
界限處境中的眞正存在 wirkliche Existenz in Grenzsituationen
面對超越界的存在上之關係 existentielle Bezuge zur Transzendenz

十　劃

原初性的超越 urspüngliche Transzendieren
哲學 Philosophie
哲學的信仰 philosophische Glaube
哲學的基本運作 die philosophische Grund-operation
哲學追求 Philosophieren
哲學默觀 philosophische Besinnlichkeit/philosophic contemplation
挫敗 Scheitern
根據本能生活的人 instinctive man
殊相 particulars
特立獨行的風格 Unabhangigkeit
眞正的溝通 die wahre Kommunikation
眞正超越 eigentliches Transzendieren
眞理從兩個人開始 die Wahrheit beginnt zu zweien
荒謬的弔詭 absurde Paradoxie

十 一 劃

密契主義者 mystic
密碼 Chiffre
密碼文字 Chiffreschrift
掙扎 Kampf
理念 Idea
理性 Vernunft
理智 Verstand
現象學 Phenomenology
終極存有 the Ultimate Being

處境 Situation

十 二 劃

統覺 Apperzeption
統攝者 das Umgreifende
單純的經驗事物 bloßes Dasein
提昇 Aufstieg
揚棄自身的思考 das sich aufhebende Denken
普遍的溝通意志 totale Kommunikationswille
普遍眞確事物 ens rationis
普遍認知者的實質孤寂 substantiellen Einsamkeit des universal
　　Wissenden
無止境的反思 unendliche Reflexion
無信仰 Unglaube
痛苦 Leiden
結合時間與永恆的剎那 der Augenblick als die Identität von
　　Zeitlichkeit und Zeitlosigkeit
絕對的挫敗 absolute Scheitern
視野 horizon
象徵 Symbolik
超人 Übermensch
超自然或超絕形上學 praeternatural netaphysics
超級特徵 transcendentalia/transcendental properties
超越 Transzendieren/transcending
超越方法 die transzendentale Methode
超越的自由 Transzendentale Freiheit
超越的思考 transzendierende Gedanken/transcending thinking
超越界，超越者 Transzendenz/Transcendence
超越界的密碼 Chiffren der Transzendenz
順服 Hingabe

十 三 劃

意識自身 Bewußtsein überhaupt
意識到自我本身 sich selbst bewußt werden
意識的原則 Satz des Bewußtseins
愛的掙扎 liebender Kampf
溝通 Kommunikation
經驗事物 Dasein
罪惡感 Schuld
聖經宗教 Biblical religions
道成人身 Incarnation

十 四 劃

察知 Innewerden
對象 Gegenstand
對象性 Gegenständlichkeit
精神 Geist
維也納學圈 Wiener Kreis
語意重複的方式 Tautologie
認知 Wissen

十 五 劃

墮落 Abfall

十 六 劃

歷史性 Geschichtlichkeit
歷史性意識 geschichtliches Bewußtsein
隨意 Willkur

十 九 劃

懷疑 Zweifel

二十一劃

躍昇 Sprung

二十三劃

二十四劃

世界哲學家叢書 (一)

書　　　　名	作　　　者	出　版　狀　況
孟　　　　子	黃　俊　傑	撰　稿　中
老　　　　子	劉　笑　敢	撰　稿　中
莊　　　　子	吳　光　明	已　出　版
墨　　　　子	王　讚　源	撰　稿　中
淮　　南　子	李　　　增	排　印　中
賈　　　　誼	沈　秋　雄	撰　稿　中
董　　仲　舒	韋　政　通	已　出　版
揚　　　　雄	陳　福　濱	撰　稿　中
王　　　　充	林　麗　雪	已　出　版
王　　　　弼	林　麗　眞	已　出　版
嵇　　　　康	莊　萬　壽	撰　稿　中
劉　　　　勰	劉　綱　紀	已　出　版
周　　敦　頤	陳　郁　夫	已　出　版
張　　　　載	黃　秀　璣	已　出　版
李　　　　覯	謝　善　元	已　出　版
王　　安　石	王　明　蓀	撰　稿　中
程顥、程頤	李　日　章	已　出　版
朱　　　　熹	陳　榮　捷	已　出　版
陸　　象　山	曾　春　海	已　出　版
陳　　白　沙	姜　允　明	撰　稿　中
王　　廷　相	葛　榮　晉	已　出　版
王　　陽　明	秦　家　懿	已　出　版
李　　卓　吾	劉　季　倫	撰　稿　中
方　　以　智	劉　君　燦	已　出　版
王　　船　山	張　立　文	撰　稿　中

世界哲學家叢書 (二)

書　　　　名	作　　者	出版狀況
真　德　秀	朱　榮　貴	撰　稿　中
劉　蕺　山	張　永　儁	撰　稿　中
黃　宗　羲	盧　建　榮	撰　稿　中
顏　　　元	楊　慧　傑	撰　稿　中
戴　　　震	張　立　文	已　出　版
竺　道　生	陳　沛　然	已　出　版
真　　　諦	孫　富　支	撰　稿　中
慧　　　遠	區　結　成	已　出　版
僧　　　肇	李　潤　生	已　出　版
智　　　顗	霍　韜　晦	撰　稿　中
吉　　　藏	楊　惠　南	已　出　版
玄　　　奘	馬　少　雄	撰　稿　中
法　　　藏	方　立　天	已　出　版
惠　　　能	楊　惠　南	撰　稿　中
澄　　　觀	方　立　天	撰　稿　中
宗　　　密	冉　雲　華	已　出　版
永　明　延　壽	冉　雲　華	撰　稿　中
知　　　禮	釋　慧　嶽	撰　稿　中
大　慧　宗　杲	林　義　正	撰　稿　中
株　　　宏	于　君　方	撰　稿　中
憨　山　德　清	江　燦　騰	撰　稿　中
智　　　旭	熊　　　琬	撰　稿　中
章　太　炎	姜　義　華	已　出　版
熊　十　力	景　海　峰	已　出　版
梁　漱　溟	王　宗　昱	已　出　版

世界哲學家叢書 (三)

書　　　名	作　　　者	出版狀況
張　東　蓀	胡　偉　希	撰　稿　中
馮　友　蘭	殷　　　鼎	已　出　版
唐　君　毅	劉　國　強	撰　稿　中
賀　　　麟	張　學　智	排　印　中
龍　　　樹	萬　金　川	撰　稿　中
無　　　著	林　鎮　國	撰　稿　中
世　　　親	釋　依　昱	撰　稿　中
商　羯　羅	黃　心　川	撰　稿　中
泰　戈　爾	宮　　　靜	排　印　中
奧羅賓多·高士	朱　明　忠	撰　稿　中
元　　　曉	李　箕　永	撰　稿　中
休　　　靜	金　煐　泰	撰　稿　中
知　　　訥	韓　基　斗	撰　稿　中
道　　　元	傅　偉　勳	撰　稿　中
李　栗　谷	宋　錫　球	撰　稿　中
李　退　溪	尹　絲　淳	撰　稿　中
伊　藤　仁　齋	田　原　剛	撰　稿　中
山　鹿　素　行	劉　梅　琴	已　出　版
山　崎　闇　齋	岡　田　武　彥	已　出　版
三　宅　尚　齋	海老田輝巳	撰　稿　中
中　江　藤　樹	木　村　光　德	撰　稿　中
貝　原　益　軒	岡　田　武　彥	已　出　版
狄　生　徂　徠	劉　梅　琴	撰　稿　中
富　永　仲　基	陶　德　民	撰　稿　中
楠　本　端　山	岡　田　武　彥	已　出　版

世界哲學家叢書 (四)

書　　　　名	作　　者	出　版　狀　況
吉　田　松　陰	山　口　宗　之	已　　出　　版
西　田　幾　多　郎	廖　仁　義	撰　稿　中
柏　　拉　　圖	傅　佩　榮	撰　稿　中
亞　里　斯　多　德	曾　仰　如	已　　出　　版
聖　奧　古　斯　丁	黃　維　潤	撰　稿　中
伊　本 · 赫　勒　敦	張　小　鶴	撰　稿　中
聖　多　瑪　斯	黃　美　貞	撰　稿　中
笛　　卡　　兒	孫　振　青	已　　出　　版
斯　賓　諾　莎	洪　漢　鼎	排　印　中
萊　布　尼　茲	陳　修　齊	撰　稿　中
培　　　　根	余　麗　嫦	撰　稿　中
霍　　布　　斯	余　麗　嫦	撰　稿　中
洛　　　　克	謝　啟　武	撰　稿　中
巴　　克　　萊	蔡　信　安	撰　稿　中
休　　　　謨	李　瑞　全	撰　稿　中
盧　　　　梭	江　金　太	撰　稿　中
康　　　　德	關　子　尹	撰　稿　中
費　　希　　特	洪　漢　鼎	撰　稿　中
黑　　格　　爾	徐　文　瑞	撰　稿　中
叔　　本　　華	劉　　東	稿　撰　中
尼　　　　采	胡　其　鼎	撰　稿　中
祁　　克　　果	陳　俊　輝	已　　出　　版
約　翰　彌　爾	張　明　貴	已　　出　　版
馬　　克　　思	許　國　賢	撰　稿　中
狄　　爾　　泰	張　旺　山	已　　出　　版

世界哲學家叢書 (五)

書　　　　　名	作　　　者	出 版 狀 況
韋　　　　　伯	陳　忠　信	撰　稿　中
卡　　西　　勒	江　日　新	撰　稿　中
雅　　斯　　培	黃　　　藿	已　出　版
胡　　塞　　爾	蔡　美　麗	已　出　版
馬克斯・謝勒	江　日　新	已　出　版
海　　德　　格	項　退　結	已　出　版
高　　達　　美	張　思　明	撰　稿　中
漢　娜　鄂　蘭	蔡　英　文	撰　稿　中
盧　　卡　　契	錢　永　祥	撰　稿　中
哈　伯　馬　斯	李　英　明	已　出　版
馬　　利　　丹	楊　世　雄	撰　稿　中
馬　　塞　　爾	陸　達　誠	撰　稿　中
梅　露・彭　迪	岑　溢　成	撰　稿　中
德　　希　　達	張　正　平	撰　稿　中
呂　　格　　爾	沈　清　松	撰　稿　中
克　　羅　　齊	劉　綱　紀	撰　稿　中
懷　　德　　黑	陳　奎　德	撰　稿　中
玻　　　　　爾	戈　　　革	排　印　中
卡　　納　　普	林　正　弘	撰　稿　中
卡　爾　巴　柏	莊　文　瑞	撰　稿　中
柯　　靈　　烏	陳　明　福	撰　稿　中
穆　　　　　爾	楊　樹　同	撰　稿　中
維　根　斯　坦	范　光　棣	撰　稿　中
奧　　斯　　汀	劉　福　增	撰　稿　中
史　　陶　　生	謝　仲　明	撰　稿　中

世界哲學家叢書 (六)

書　　　　　名	作　　著	出版狀況
赫　　　一　　　爾	馮　耀　明	撰　稿　中
帕　爾　費　特	戴　　　華	撰　稿　中
魯　　　一　　　士	黃　秀　璣	撰　稿　中
珀　　爾　　斯	朱　建　民	撰　稿　中
散　塔　雅　納	黃　秀　璣	撰　稿　中
詹　　姆　　斯	朱　建　民	撰　稿　中
杜　　　　　威	李　常　井	撰　稿　中
史　賓　格　勒	商　戈　令	已　出　版
奎　　　　　英	成　中　英	撰　稿　中
洛　　爾　　斯	石　元　康	已　出　版
諾　　錫　　克	石　元　康	撰　稿　中
希　　　　　克	劉　若　韶	撰　稿　中
尼　　布　　爾	卓　新　平	撰　稿　中
馬　丁・布　伯	張　賢　勇	撰　稿　中
蒂　　里　　希	何　光　滬	撰　稿　中
德　　日　　進	陳　澤　民	撰　稿　中